O PEQUENO LIVRO DA
CURA VIBRACIONAL E ENERGÉTICA

Karen Frazier

O PEQUENO LIVRO DA
CURA VIBRACIONAL E ENERGÉTICA

Práticas simples para equilibrar a
saúde do corpo, da mente e do espírito

Tradução
Gilson César Cardoso de Sousa

Editora
Pensamento
SÃO PAULO

Título do original: *Little Book of Energy Healing*.
Copyright © 2019 Callisto Media, Inc.
Publicado em inglês por Althea Press, um selo da Callisto Media, Inc.
Copyright da edição brasileira © 2021 Editora Pensamento-Cultrix Ltda.
1ª edição 2021.

Todos os direitos reservados. Nenhuma parte deste livro pode ser reproduzida ou usada de qualquer forma ou por qualquer meio, eletrônico ou mecânico, inclusive fotocópias, gravações ou sistema de armazenamento em banco de dados, sem permissão por escrito, exceto nos casos de trechos curtos citados em resenhas críticas ou artigos de revista.

A Editora Pensamento não se responsabiliza por eventuais mudanças ocorridas nos endereços convencionais ou eletrônicos citados neste livro.

Ilustrações: © 2019 Conor Buckley, pp. 19, 31, 32, 33, 34, 35, 58, 90, 93, 97, 98 e 101
Todas as outras ilustrações internas: © Shutterstock.
Fotografia: © Shutterstock, pp. 61, 63, 67 e 68; © iStock, p. 66 (turmalina negra); © Lucia Loisa, p. 67 (quartzo rosa).

Foto da autora: cortesia © Tristan David Luciotti.

Editor: Adilson Silva Ramachandra
Gerente editorial: Roseli de S. Ferraz
Preparação de originais: Alessandra Miranda de Sá
Gerente de produção editorial: Indiara Faria Kayo
Capa: Ponto Inicial Design Gráfico
Projeto gráfico e editoração eletrônica: Ponto Inicial Design Gráfico
Revisão: Vivian Miwa Matsushita

Dados Internacionais de Catalogação na Publicação (CIP)
(Câmara Brasileira do Livro, SP, Brasil)

Frazier, Karen
 O pequeno livro de cura vibracional e energética : práticas simples para equilibrar a saúde do corpo, da mente e do espírito / Karen Frazier ; tradução Gilson César Cardoso de Sousa. -- 1. ed. -- São Paulo : Editora Pensamento Cultrix, 2021.

 Título original: Little book of energy healing
 ISBN 978-65-87236-65-0

 1. Corpo e mente 2. Cura energética 3. Cura espiritual 4. Medicina energética 5. Vibração -Uso terapêutico I. Sousa, Gilson César Cardoso de. II. Título.

21-55879 CDD-615.852

Índices para catálogo sistemático:
1. Cura vibracional : Medicina energética : Terapias
   alternativas   615.852

Maria Alice Ferreira - Bibliotecária - CRB-8/7964

Direitos de tradução para o Brasil adquiridos com exclusividade pela
EDITORA PENSAMENTO-CULTRIX LTDA., que se reserva a
propriedade literária desta tradução.
Rua Dr. Mário Vicente, 368 – 04270-000 – São Paulo – SP
Fone: (11) 2066-9000
http://www.editorapensamento.com.br
E-mail: atendimento@editorapensamento.com.br
Foi feito o depósito legal.

Para Kristen e Kasci

SUMÁRIO

A JORNADA DA CURA ENERGÉTICA   9
    O QUE ESTE LIVRO É   11
    O QUE ESTE LIVRO NÃO É   12

1

UMA INTRODUÇÃO À CURA ENERGÉTICA   13
    O QUE É A CURA?   15
    O QUE É A CURA ENERGÉTICA?   15
    APLICAÇÕES DA CURA ENERGÉTICA   17
    VIBRAÇÃO   19
    QUANDO A ENERGIA ESTÁ EM DESEQUILÍBRIO OU BLOQUEADA   22
    O CORPO ENERGÉTICO   25
    PRÓXIMOS PASSOS   42

2

SEU ESTOJO DE FERRAMENTAS DE CURA ENERGÉTICA   45
    A MENTALIDADE DA CURA   47
    INTENÇÃO, A PRINCIPAL FERRAMENTA   49
    MEDITAÇÃO   49
    CURA PELAS MÃOS   54
    CURA PELO SOM   60
    CRISTAIS   65
    AROMATERAPIA   70

3
ROTINAS DIÁRIAS DE CURA ENERGÉTICA 75
ANTES DE COMEÇAR 77
APÓS O RITUAL 81

4
PROBLEMAS DE SAÚDE E TRABALHO ENERGÉTICO 87
ENTRE NA CURA 89
ALEGRIA E ATITUDE POSITIVA 89
AMOR E RELACIONAMENTOS 91
AMOR-PRÓPRIO 92
ANSIEDADE E PREOCUPAÇÃO 94
APEGOS E ENTREGA 96
COMPAIXÃO 98
CONFIANÇA 99
CRESCIMENTO ESPIRITUAL 100
DISTÚRBIOS AUTOIMUNES 102
DOR AGUDA 106
DOR CRÔNICA 108
EQUILÍBRIO ENERGÉTICO 112
GRATIDÃO 113
MAUS HÁBITOS 115
MEDO DO ABANDONO 116
PAZ INTERIOR 118
PERDÃO 119
PROSPERIDADE E ABUNDÂNCIA 122
SAÚDE 123
SOFRIMENTO 125

GUIA RÁPIDO DE CHAKRAS E FERRAMENTAS DE CURA ENERGÉTICA 129
RECURSOS 141
REFERÊNCIAS 147
AGRADECIMENTOS 149

A JORNADA DA CURA ENERGÉTICA

A cura energética tem desempenhado um importante papel em minha vida. Venho escrevendo e blogando sobre ela há mais de uma década e essa é uma prática que não apenas ensino, como também vivencio diariamente.

Embora só há mais ou menos dez anos aplique a cura energética a outras pessoas, minha própria jornada nessa área começou em 1991, quando fui trabalhar com um quiroprático. Eu estava me aproximando de meus trinta anos e já tinha um ávido interesse por técnicas terapêuticas alternativas e naturais, pois a medicina ocidental tradicional não conseguia me ajudar a superar meus problemas crônicos de saúde. Em meu novo emprego, aprendi uma maneira diferente de encarar a saúde: da perspectiva do equilíbrio entre corpo, mente e espírito. A experiência mudou minha compreensão do que é a saúde e de como eu poderia tê-la e mantê-la. Os quase dez anos que passei trabalhando ali forneceram-me o conhecimento básico que usei como trampolim para me tornar uma agente de cura energética.

Há um ditado na quiropraxia, atribuído a seu fundador, B. J. Palmer: "O poder que fez o corpo, cura o corpo". Esse conceito calou fundo em mim na primeira vez que o ouvi. Eu o tinha sempre em mente quando comecei a encarar minha saúde de uma nova maneira, ao lutar contra uma condição aguda que não desaparecia.

Sofri de uma grave dor de garganta por semanas e a medicina, a homeopatia, a naturopatia e os ajustes quiropráticos convencionais não estavam ajudando. Desesperada, procurei um médico/agente de cura energético que trabalhava com diversas modalidades – das quais eu nunca ouvira falar e em que não acreditava necessariamente. No entanto, achei que devia correr o risco. Na consulta, o médico usou cristais e imposição de mãos: senti uma espécie de torrente física e emocional, como se algo irrompesse de dentro de mim, e a dor de garganta desapareceu imediatamente. Eu estava ótima. Foi então que compreendi de fato o poder da cura energética e comecei a estudar o assunto a fundo.

Comecei com cristais e óleos essenciais, aprendendo a usá-los para provocar mudanças em meu corpo, mente e espírito. Em seguida, mergulhei na filosofia oriental, na meditação, na afirmação, na visualização e no Reiki. Meu interesse não tinha limites. Passei os últimos vinte anos aprendendo tudo que podia a respeito de várias formas de cura energética, tornando-me Mestre/Instrutora de Reiki, dominando e praticando outras modalidades de cura energética e obtendo títulos de bacharelado, mestrado e Ph.D. em ciência metafísica. Nos últimos anos, incorporei também um antigo amor (a música) em minhas práticas terapêuticas. Estou estudando energia sonora com um mestre tibetano especialista na área e fazendo um curso de DD (doutorado em divindade) em cura espiritual com ênfase na maneira como o som afeta a vibração.

Este é meu sexto livro sobre cura energética. Dou aulas sobre essa matéria e oriento meditações de banho de energia sonora por todo o noroeste do Pacífico porque amo ensinar os outros a curar usando técnicas vibracionais. Pratico Reiki, terapia com cristais, terapia sonora e outras modalidades de cura energética com clientes, amigos, familiares, animais e – talvez o mais importante – comigo mesma.

Seu corpo, mente e espírito possuem uma inteligência inata. Existe uma força criadora – chame-a de Deus, o Divino, Inteligência

Universal, Fonte de Energia ou de qualquer outra coisa condizente com seu sistema de crença – que o criou e continua operando de maneira inteligente dentro de você. A cura energética o reconecta com essa inteligência, ajudando o poder que fez seu corpo a curá-lo. Mesmo técnicas simples, usadas durante alguns minutos diariamente, algumas vezes por semana, podem conduzi-lo na jornada rumo ao bem-estar emocional, espiritual, mental e físico.

O que este livro é?

Este livro apresenta técnicas simples e práticas de cura vibracional para equilibrar a energia de seu corpo, mente e espírito. Eis algumas das práticas e técnicas específicas e individuais que você aprenderá:

- Cura da mentalidade
- Intenção
- Meditação
- Imposição de mãos
- Cura sonora
- Cristais
- Aromaterapia

Você pode usar qualquer uma dessas técnicas para promover mudanças energéticas que permitam à sua inteligência inata equilibrar a energia e iniciar a cura. Quando você cultiva práticas diárias que incorporam essas ferramentas, sua energia começa a mudar em vários aspectos de sua vida.

Este livro será um passo em sua jornada rumo à autocura e o ajudará a buscar uma nova compreensão do que é a cura e de como você pode começar a mudar sua vida.

O que este livro não é?

Este livro não garante que você jamais voltará a ter uma "dis-função", isto é, que não sentirá algum mal-estar no corpo, na mente ou no espírito. Também não pretende fazer com que, como num passe de mágica, tudo seja perfeito em sua vida. A cura energética é um processo que ajuda você a gerar o equilíbrio de energia, mas não oferece necessariamente um alívio instantâneo. Na verdade, os desequilíbrios vibracionais que se manifestam como dis-função muitas vezes surgem para ajudá-lo a descobrir algo importante. Não raro, esse processo de aprendizado requer mais de uma sessão ou técnica terapêutica para eliminar os sintomas que a dis-função provoca.

Assim, este livro não vai treiná-lo para trabalhar com clientes. Não tenciona ser um manual abrangente de técnicas de cura energética nem substituir o treinamento com um profissional qualificado, a fim de iniciar a prática. Também não pretende ser o único livro sobre cura energética que você deve adquirir. As seguintes técnicas avançadas não serão tratadas aqui:

- Reiki
- Acupuntura/acupressura
- Medicina tradicional chinesa
- Homeopatia
- Hipnoterapia
- Ayurveda

No entanto, se você for treinado nessas ou em outras modalidades e achar que elas lhe serão úteis, pode usá-las em lugar de outras técnicas, como o toque. Empregue as técnicas recomendadas e confie sempre em seus melhores instintos para personalizar sua experiência na cura energética.

1

Uma Introdução à Cura Energética

A cura energética tem sido uma força poderosa em minha vida e operado maravilhas para outras pessoas também. Algumas experimentaram pequenas mudanças que conduziram a estados mais avançados de bem-estar geral; para outras, houve mudanças notáveis, como a cessação de sintomas ou uma melhora em sua saúde como um todo. Muitas foram curadas de condições específicas. Descobri que a cura energética funciona de modo diferente para cada pessoa, promovendo mudanças no corpo, na mente, no espírito e clareza mental, beneficiando a todas em alto grau.

O que é a cura?

"Cura" tem significados diferentes para diferentes pessoas. Para algumas, significa nada mais que desaparecimento dos sintomas. Para outras, remissão ou ausência de disfunções (desequilíbrios energéticos do corpo, da mente ou do espírito). Eis algumas ideias sobre a cura:

- Desaparecimento ou ausência de sintomas.
- Remissão ou ausência de doença física.
- Obtenção de excelente saúde física, emocional, espiritual ou mental.
- Equilíbrio do corpo, da mente e do espírito.
- Remoção de bloqueios que provocam desequilíbrio.

Em suma, sua definição de cura é provavelmente diferente da de outras pessoas porque você tem sua própria e exclusiva visão de bem-estar. Do mesmo modo, essa definição pode variar ao longo de sua vida. Para as finalidades deste livro, definirei cura de uma maneira capaz de levar em conta essa variação. "Curar" é agir de modo a promover mudanças positivas no bem-estar com vistas ao bem maior.

O que é a cura energética?

"Cura energética" é uma expressão de significado amplo que descreve técnicas e práticas capazes de alterar a vibração energética de algo a fim de produzir equilíbrio. Todas essas técnicas afetam a energia vital – às vezes chamada de "prana" ou "chi" – pela remoção de bloqueios e equilíbrio de vibração excessiva para desobstruir e equilibrar o fluxo de energia. Usamos a cura energética a fim de remover a dis-função graças à correção de desequilíbrios em nossas energias física (corpo e mente) ou etérica (emoções e espírito).

A cura energética vem sendo praticada há milhares de anos. Veja, a seguir, alguns exemplos:

- Crenças e práticas de cura energética entre os antigos chineses remontam a mais de 6 mil anos e incluem: o conceito de chi; o equilíbrio energético dos cinco elementos (metal, madeira, fogo, água e terra); a concepção de meridianos ou canais, usada em acupuntura; e o equilíbrio de yin e yang.

- O ayurveda, tradicional sistema hindu de medicina, e seus conceitos de equilíbrio dos três *doshas* (*pitta*, *kapha* e *vata*) e dos cinco elementos (éter, ar, fogo, água e terra) também remontam a mais de 6 mil anos, na Índia.

- O yoga, com seu foco no movimento intencional do prana, originou-se na Índia por volta de 3000 a.C.

- Para alguns, os milagres atribuídos a Jesus há mais de 2 mil anos ocorreram porque ele usava uma forma de cura energética e afirmava que qualquer um podia executar o mesmo trabalho curativo (João, 14:12).

Todas essas antigas artes de cura energética continuam a ser praticadas nos dias de hoje, enquanto outras surgiram de tradições similares, norteadas por suas próprias técnicas e filosofias.

Infelizmente, muitos não acreditam na cura energética porque ela difere da prática da medicina ocidental, que se concentra na área física: trata o corpo e a mente (o físico), mas não o eu etérico (emocional e espiritual). A medicina ocidental diagnostica e trata você como uma série de partes biológicas que não estão funcionando bem. Quando apresenta sintomas, você recebe tratamento físico ou toma remédios. Nesse modelo, você quase não faz nada em prol de seu próprio tratamento.

Já a cura energética trata a pessoa como um sistema de energias interdependentes que compreende o físico (corpo e mente) e o etérico (emoções e espírito). Procura equilibrar as energias física e etérica para que você consiga atingir um elevado estado vibracional, expresso como melhor saúde geral.

Quando a dis-função ocorre, o agente de cura energético procura corrigir os desequilíbrios. Nesse processo, é essencial que você participe de sua própria cura. O agente de cura apenas facilita ou canaliza a energia curativa: em última análise, cabe a você empenhar-se de forma consciente nas práticas de equilíbrio energético. Em resultado, quando utilizo minhas práticas de cura energética, prefiro chamar os pacientes de "parceiros na cura", porque o papel deles em sua própria cura é muito mais importante do que o meu. Sem sua firme intenção de participar do processo, é pouco provável que melhorem.

Aplicações da cura energética

O impacto da cura energética pode ir muito além de você. Como explicarei mais adiante neste capítulo, quando dois objetos que vibram em frequências diferentes se aproximam, movem-se para um ponto vibracional médio, onde entram em fase e vibram em uma nova frequência. Ou seja, sua frequência vibracional pode aumentar ou diminuir a frequência de outros seres vivos, objetos e lugares quando você está por perto, pois sua energia e a deles se moverão para se encontrar num ponto médio.

Com isso em mente, veja algumas das aplicações potenciais da cura energética:

- Mudar sua vida ou circunstâncias.
- Capacitar outros a mudar sua vida ou circunstâncias.
- Provocar mudanças vibracionais nos espaços em que você vive, trabalha ou se diverte.
- Afetar positivamente a vibração e facilitar a cura após uma catástrofe natural ou acontecimento trágico.

- Ajudar a alterar a vibração do planeta com vistas à cura da família, da sociedade e do mundo.
- Ajudar a intensificar a vibração do universo para que este evolua.

Em outras palavras, você é muito importante. Sua energia afeta a energia do todo e, intensificando sua vibração, você pode promover crescimento e mudança não só para seus objetivos, mas também para o universo em geral.

A cura energética neste livro

Para o nosso propósito, ao discutir a cura energética, refiro-me a qualquer atividade que você empreenda para modificar sua frequência vibracional. Como já mencionei, curar não significa necessariamente eliminar a doença: ao contrário, quer dizer operar alterações vibracionais em seu próprio sistema energético para gerar equilíbrio e harmonia, remover bloqueios, reduzir energias excessivas e incrementar a vibração insuficiente. Emprego os termos "vibração" e "energia" como sinônimos; toda energia é vibração e toda parte da pessoa, física ou etérica, é feita de padrões oscilatórios de energia (visualize o movimento rítmico de um pêndulo). Assim, quando você modifica e equilibra a vibração, faz com que toda a sua experiência do ser se torne mais harmônica e equilibrada. Essas mudanças sempre promovem seu bem maior.

Mais adiante, abordarei várias modalidades que ajudam a gerar esse equilíbrio energético, de técnicas práticas com o uso das mãos, como o *tapping* (tapotagem) ou simples toques, o uso do som como ferramenta vibracional até outros itens com vibração mais alta, como os óleos essenciais e os cristais. Do mesmo modo, atividades como afirmação, meditação e visualização são ferramentas de cura que mudam seu estado vibracional ajudando-o a superar os pensamentos repetitivos oriundos de padrões e crenças inconscientes que impedem sua cura.

Vibração

A vibração é a energia em movimento. Tudo no universo consiste de energia vibrando em diferentes frequências (velocidades), inclusive o modo como a energia vital oscila em diversas partes dos corpos etérico e físico. No som, a frequência da vibração determina o tom que você ouve. Na visão, a frequência da vibração é a cor que você percebe no objeto.

Quando sua energia está desequilibrada, a parte de seu corpo físico ou etérico na qual está localizada o desequilíbrio não vibra na frequência ideal. Diversas técnicas de cura energética conseguem levar sua vibração à frequência desejada, por meio do "arrastamento" (ver página 21), a fim de gerar a harmonia ou o equilíbrio característicos da saúde.

Como sentir a vibração

Eis um exercício que você pode fazer para sentir a vibração:

1. Esfregue vigorosamente as mãos de 30 segundos a 1 minuto.
2. Com as mãos ligeiramente em concha, palma contra palma, afaste-as devagar e perceba o formigamento entre elas. Isso é vibração.
3. Continue afastando as mãos até que o formigamento diminua ou cesse. Em seguida, reaproxime-as lentamente, até o ponto em que consiga sentir de novo a vibração e onde ela cessa.

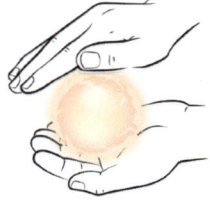

Você pode também sentir a vibração por meio do som. Feche os olhos e murmure por mais ou menos 30 segundos. Procure então perceber como e onde sente a vibração em seu corpo.

Medicina Complementar, Não Medicina Alternativa

A cura energética não é uma alternativa à medicina convencional, nem trabalha em oposição aos cuidados médicos, apenas permite que você seja um parceiro ativo em sua própria cura. Por exemplo, se você tem uma ferida que exija pontos, procure primeiro o tratamento médico adequado. Se o seu apêndice doer, a cirurgia será necessária. Depois, já a caminho da recuperação, use a energia curativa como cuidado complementar a fim de ajudar o corpo, a mente e o espírito a alcançar a cura completa.

Continue o tratamento médico enquanto focaliza seus esforços de cura energética na descoberta das causas vibracionais. Eu, por exemplo, tomo medicação para a tireoidite de Hashimoto porque os exames de sangue mostram que preciso de remédios. Essa condição talvez melhore caso eu continue me esforçando para resolver os problemas vibracionais que provocam a doença; mas, por enquanto, o tratamento médico é a melhor maneira de preservar minha saúde. Graças à cura vibracional, no entanto, notei que muitos dos sintomas que tanto me incomodavam, mesmo durante a medicação, diminuíram ou desapareceram.

Estudos médicos tradicionais começam a mostrar que formas complementares de cura podem reforçar o tratamento do paciente. Aqui vão dois exemplos: um artigo publicado no *Journal of Affective Disorders* mostra que a acupuntura se mostrou eficiente no tratamento da depressão, enquanto estudos citados no *HealthCMI* revelam que a acupuntura, em especial, pode reduzir a depressão após um ataque cardíaco. Estudos publicados no *Translational Neurodegeneration* indicam que a acupuntura e a Medicina Tradicional Chinesa são eficientes em melhorar a memória dos pacientes com Alzheimer.

Arrastamento

Na cura energética, quando usamos um objeto como uma tigela tibetana, um óleo essencial ou um cristal, estamos na verdade utilizando o "arrastamento" para colocar nossa vibração em harmonia com a vibração do objeto. O cientista holandês Christiaan Huygens descobriu o arrastamento nos anos 1600, quando pendurou dois relógios de pêndulo um ao lado do outro, cada qual se movendo numa frequência diferente. Não tardou e os pêndulos começaram a balançar juntos. Esse experimento pode ser repetido. Em meu *website*, em inglês, você verá vídeos de vários objetos mecânicos entrando em fase dessa maneira (AuthorKarenFrazier.com).

O arrastamento é o modo como a cura energética realmente funciona. Quando você coloca um objeto que vibra a determinada frequência perto de outro que vibra a uma frequência diferente, eles entram em fase: um vibra mais alto, o outro mais baixo. Por isso, neste livro, você trabalhará com objetos e pensamentos de alta frequência – assim, sua energia encontrará a energia do pensamento ou objeto no ponto médio.

Quando a energia está em desequilíbrio ou bloqueada

A energia pode se tornar excessivamente ativa, insuficientemente ativa ou completamente bloqueada por várias razões, como doença, ferimento, pensamentos negativos, projeções subconscientes, crenças inconscientes, problemas ou traumas de infância, mal-entendidos, crises de relacionamento, traumas de vida passada, intoxicação química, má alimentação, falta de exercício, sofrimento emocional, confusão espiritual etc. Na verdade, qualquer experiência negativa em seu corpo físico ou etérico pode desequilibrar ou mesmo bloquear sua energia. Quanto mais você demorar para corrigir ou remover a causa do desequilíbrio, mais desequilibradas se tornarão suas energias.

As filosofias orientais ensinam que a energia precisa ser equilibrada entre polos opostos, como yin e yang, escuro e claro, feminino e masculino, bem como entre as cinco energias elementares: terra, metal, madeira, água e ar. Em outras filosofias, como o ayurveda, esses elementos recebem nomes um pouco diferentes: fogo, água, terra, ar e éter. Tudo, incluindo nossos corpos físico e etérico, contém um equilíbrio correto de energias polares e energias elementares. Mas, quando elas se desequilibram, o resultado é a dis-função.

Sintomas

Como já mencionado, dis-função não é o que entendemos costumeiramente como doença. É um estado de desequilíbrio. Faz com que a orientação superior (que chamo de Sistema de Orientação Divina) envie sintomas para avisar que algo não está em equilíbrio.

Os sintomas podem ser físicos, emocionais, mentais, circunstanciais ou espirituais. No início, são coisas simples e relativamente insignificantes, como uma dor de cabeça leve, um sonho ruim e uma vaga sensação de desconforto ou tristeza. No entanto, quando o desequilíbrio se agrava, os sintomas se tornam mais intensos e evidentes. Se o desequilíbrio não for combatido a tempo, tornando-se grave, o Sistema de Orientação Divina pode enviar sinais mais claros, que chamo de "régua universal" (o universo bate em sua cabeça com uma régua para que você preste atenção). Eis alguns exemplos desses sinais: ataque cardíaco, perda do emprego, depressão profunda ou "noite escura da alma". De um modo geral, quanto mais graves forem seus sintomas, mais sério será o desequilíbrio e mais depressa você precisará corrigi-lo.

Na sociedade ocidental, costumamos reagir aos sintomas ignorando-os ou fazendo alguma coisa (como tomar remédios) para removê-los. Mas os sintomas são o detector de fumaça de seu Sistema de Orientação Divina. Tratá-los sem tentar descobrir a causa é como remover as baterias do detector de fumaça para que ele pare de soar, em vez de descobrir e eliminar a causa. Então, o prédio todo pegará fogo.

Quanto mais ignoramos ou suprimimos os sintomas, mais enraizado fica o desequilíbrio e mais esforço é necessário para removê-lo. Felizmente, nenhum sintoma é tão grave que não possamos reequilibrar nossa energia e começar a curar nosso corpo, mente e espírito.

Muitas vezes, presumimos conhecer o significado de um sintoma devido ao local e ao modo como ele ocorre. Ora, não raro o sintoma e a causa parecem não estar relacionados. Se uma dor no pé aparece em decorrência de um bloqueio do nervo ciático, cuidar do pé será inútil porque o desequilíbrio se encontra em outra parte do corpo. Quando você começar a reconhecer que o corpo, a mente e o espírito trabalham juntos no corpo energético e suas diversas partes, começará também a associar os sintomas com sua origem, onde o desequilíbrio se encontra.

Lembre-se: não somos uma série de partes isoladas. Existimos holisticamente como corpo, mente e espírito.

Chakras

- CHAKRA DA COROA
- CHAKRA DO TERCEIRO OLHO
- CHAKRA DA GARGANTA
- CHAKRA DO CORAÇÃO
- CHAKRA DO PLEXO SOLAR
- CHAKRA DO SACRO
- CHAKRA DA RAIZ

O corpo energético

Você é energia pura. Parte dessa energia se manifesta como seu corpo físico e, parte, como seu corpo espiritual ou etérico. Seres fisicamente manifestados (e é o que somos quando habitamos um corpo humano) possuem sistemas energéticos específicos que conectam o físico ao etérico. Entre esses sistemas, você pode gerar equilíbrio e harmonia para promover a cura. Você não precisa ser um especialista em corpo energético para iniciar o processo de sua própria cura energética, mas conhecer os elementos básicos desses sistemas é muito útil. No Capítulo 3, vou ensinar você quando e como trabalhar com cada um deles na rotina diária; e no Capítulo 4, e indicarei os remédios para cada condição.

Chakras

Gosto de trabalhar com chakras porque eles constituem um dos sistemas energéticos mais fáceis de identificar e visualizar. Os chakras são rodas giratórias de energia que se localizam ao longo de sua espinha dorsal e conectam seu corpo físico com seu corpo etérico. Cada chakra possui uma frequência vibracional diferente que corresponde a várias cores e tons (sons). Do mesmo modo, seus chakras correspondem a diferentes aspectos físicos de seu corpo (as áreas localizadas mais ou menos perto, acima ou abaixo de cada chakra) e desequilíbrios em alguns chakras podem gerar dis-função física, mental, emocional, espiritual ou situacional.

A palavra "chakra" vem do sânscrito *cakra*, que significa "roda". Os chakras foram descritos pela primeira vez nos *Vedas*, antigas escrituras hindus redigidas em sânscrito e datadas do período entre 1500 a.C. e 500 a.C. Conceitos semelhantes de centros energéticos também aparecem em várias outras tradições, inclusive o misticismo judaico (cabala) e o budismo.

Os desequilíbrios nos chakras costumam surgir da energia excessiva, da energia insuficiente ou da energia bloqueada. Quando a energia não flui livremente, de maneira equilibrada, o resultado é a disfunção nas áreas física e etérica correspondentes aos chakras.

As várias ferramentas de cura energética discutidas no capítulo a seguir ajudarão você a reequilibrar a energia para que ela flua livremente pelos chakras, restaurando sua força vital e removendo a dis-função de seus corpos físico e etérico. Um Guia Rápido de Chakras e Ferramentas de Cura Energética, que funcionam bem para cada chakra, está incluído na parte final do livro (ver p. 129), de modo que você possa usá-lo como uma referência sempre à mão para o reequilíbrio.

CHAKRA DA RAIZ

O chakra da raiz é o primeiro, às vezes chamado de chakra da base ou *muladhara*. Está localizado na base da espinha. Vibra na cor vermelha e liga-se às áreas físicas do corpo, inclusive às extremidades inferiores na base da espinha.

Problemas físicos associados ao chakra da raiz incluem dores nas pernas e nos pés, ciática, dores na parte inferior das costas, problemas com o sistema imunológico e hemorroidas. Problemas emocionais e espirituais relacionados ao desequilíbrio no chakra da raiz incluem problemas de identidade, de segurança, incapacidade de enfrentar os problemas sozinho, depressão e medo de abandono.

CHAKRA DO SACRO

O chakra do sacro é o segundo, às vezes chamado de esplênico ou *svadisthana*. Vibra na cor laranja e está localizado poucos centímetros abaixo do umbigo.

Questões físicas associadas ao chakra do sacro incluem problemas com os órgãos sexuais, intestinos e região pélvica. Problemas emocionais e espirituais associados a esse chakra incluem incapacidade de ter ideias criativas, questões relacionadas à sexualidade, dificuldade em prosperar e problemas de controle e poder pessoal.

CHAKRA DO PLEXO SOLAR

O terceiro chakra, do plexo solar, também é chamado de umbilical ou *manipura*. Está localizado poucos centímetros abaixo da pequena extensão do osso que se projeta sob a caixa torácica (ou apêndice xifoide, também chamado de processo xifoide), na região do plexo solar. Vibra na cor amarela. A cor dourada também está associada a esse chakra.

Fisicamente, o chakra do plexo solar afeta o estômago, o fígado, o baço, os rins e a vesícula biliar, bem como a região média inferior das costas. Os problemas físicos oriundos do desequilíbrio podem incluir diabetes, exaustão adrenal, pedras nos rins, úlceras e refluxo ácido, ao passo que os problemas emocionais e espirituais incluem cansaço, baixa autoestima, narcisismo e egoísmo, outros problemas de personalidade, de convívio social e distúrbios alimentares.

CHAKRA DO CORAÇÃO

O quarto chakra é o do coração, também chamado *anahata*. No chakra do coração, sua energia passa do plano denso e primariamente físico para o etérico e emocional. Localiza-se no centro do peito e vibra na cor verde. A cor rosa também está associada a esse chakra.

As áreas físicas associadas ao chakra do coração incluem os pulmões, o coração, o sistema circulatório e a região torácica superior. Problemas físicos oriundos do desequilíbrio podem incluir doenças dos pulmões e do coração, problemas venosos e circulatórios e problemas nos seios. Problemas emocionais e espirituais associados ao desequilíbrio incluem incapacidade de perdoar, sofrimento contínuo, cólera, amargura e solidão.

CHAKRA DA GARGANTA

O quinto chakra é o da garganta, também chamado de *vishuddha*. Localiza-se logo acima da glândula tireoide, no centro da garganta, e vibra na cor azul.

Fisicamente, o chakra da garganta afeta as áreas da garganta, a parte superior do tórax, a boca, o esôfago, as gengivas, os dentes e os ouvidos. Questões físicas associadas ao desequilíbrio do chakra da garganta incluem problemas de tireoide, gengivas e dentes, além de distúrbio temporomandibular (DTM). Problemas mentais, emocionais e espirituais incluem julgamento e crítica, incapacidade de falar a verdade, autoexpressão falha, recusa a submeter a própria vontade à vontade divina e pouca capacidade de tomar decisões.

CHAKRA DO TERCEIRO OLHO

O chakra do terceiro olho é o sexto, também chamado de chakra pineal ou *ajna*. Localiza-se no centro da testa. Vibra na cor púrpura ou violeta.

Os desequilíbrios no chakra do terceiro olho podem se manifestar fisicamente como dores de cabeça, sinusite, oftalmias e insônia. Problemas mentais e emocionais associados a desequilíbrios podem incluir ausência de pensamento crítico, dificuldades de raciocínio, mente fechada ou pouca inteligência emocional.

CHAKRA DA COROA

O chakra da coroa, também chamado de *sahasrara*, é o sétimo. Localiza-se no alto da cabeça. Vibra na cor branca.

Os desequilíbrios no chakra da coroa podem provocar males físicos como problemas de saúde sistêmicos, problemas nos ossos, dermatites e vários distúrbios mentais. Problemas emocionais e espirituais associados ao desequilíbrio incluem falta de ética, insegurança e descrença em algo maior que a própria pessoa.

Auras

Aura significa "vento" ou "respiração". Refere-se ao campo energético que nos rodeia e emana de nós (e de outros objetos ou seres). Segundo o *Dictionary of Gnosis and Western Esotericism*, a ideia de aura na verdade se originou durante a Era Espiritualista do final dos anos 1800, na Sociedade Teosófica. Foi proposto então que faixas de energia cercam os seres vivos em camadas de cores brilhantes que correspondem mais ou menos às cores dos chakras. As cores das auras mudam todos os dias ou de minuto a minuto, pois refletem o estado atual do bem-estar físico, emocional, mental e espiritual. Alguns videntes conseguem ver as auras e suas cores; fotógrafos de auras usam recursos biodinâmicos e luzes LED a fim de visualizar as cores que rodeiam o sujeito fotografado.

Não trabalharemos muito com auras neste livro, embora eu possa oferecer uma rápida técnica energética para estimular a sua quando você não estiver se sentindo bem. Sentado ou de pé, peça a alguém que coloque as mãos a alguns centímetros do alto de sua cabeça. A partir daí, essa pessoa deve descer as mãos ao longo de seu corpo até os pés, sem tocar na pele. Ela deve fazer o mesmo em todos os lados do corpo, sacudir a energia das pontas dos dedos em direção a chão e depois tocá-lo, a fim de estabilizar você e desligar sua energia da dela.

Energias elementares

Toda matéria é constituída por diferentes tipos de energias elementares. Há cinco dessas energias que precisam estar equilibradas em organismos ou espaços para criar harmonia, equilíbrio e bem-estar. A terapia da polaridade e a imposição de mãos para equilibrar energias levam em conta os quatro elementos clássicos (terra, água, ar e fogo), propostos na Grécia antiga, além de um quinto elemento, o éter, acrescentado mais tarde por Aristóteles. Esses cinco elementos também correspondem aproximadamente aos cinco elementos (madeira, fogo, terra, metal e água) do taoismo, uma filosofia chinesa.

Como os chakras, cada elemento está associado a certas características físicas, espirituais e emocionais. As energias elementares fluem por canais em nosso corpo, dos dedos dos pés à cabeça, conforme é possível observar nos diagramas.

ÉTER

Significado: espaço.

Chakra associado: chakra da garganta.

Dedos da mão e do pé: polegar, dedão.

Órgãos associados: ouvidos.

Características: espiritualidade e leveza: o éter é o mais sutil dos elementos e está presente nos outros quatro.

Localização: centro da cabeça, descendo pela linha média do corpo e conectando-se com os polegares, a linha média e os dedões.

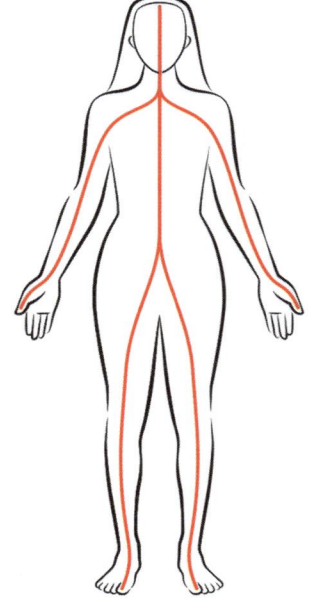

Excesso de éter: insegurança, inconstância, dificuldade de concentração, sensação de monotonia, inatividade e expectativa de que uma força externa provoque movimento e crescimento.

Carência de éter: falta de espaço para crescer ou mudar; apego ao modo como se é; energia lenta e pesada.

AR

Significado: dinamismo, leveza e movimento.

Chakra associado: chakra do coração.

Dedos da mão e do pé: indicador, segundo dedo.

Órgão associado: coração.

Características: movimento, leveza, fluxo, capacidade de mudar rapidamente.

Localização: desce pelo corpo ao longo de dois canais, a poucos centímetros de cada lado da linha média. Passa pelas sobrancelhas, ao longo da curva externa dos lábios, perto do queixo, desce pelos dois lados do umbigo e chega até o indicador e o segundo dedo de cada mão e pé.

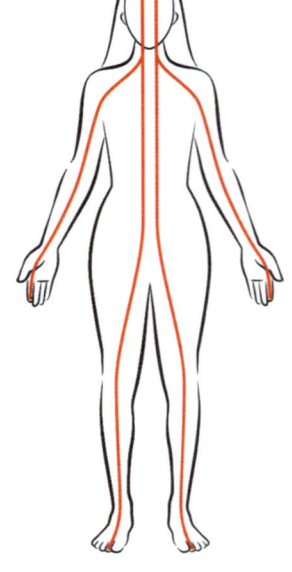

Excesso de ar: a pessoa não tem limites e vai aonde a conduzam. Pode ser considerada "aérea" porque esquece onde estão as coisas ou o que está dizendo; tendência ao nervosismo, ansiedade, obsessões e compulsões.

Carência de ar: a pessoa pode ser inflexível, extremamente crítica ou teimosa; pode ser "pesada" ou apática. Muitas vezes se sente triste e mal-humorada.

FOGO

Significado: brilhante, quente, passional, cheio de vida.

Chakra associado: chakra do plexo solar.

Dedos da mão e do pé: médios.

Órgãos associados: órgãos da digestão.

Características: calor, bile, paixão, atividade, movimentos rápidos, brilho, impulsividade.

Localização: a alguns centímetros dos canais de ar de cada lado, descendo pelas bochechas, mamilos e caixa torácica, dedos médios de cada mão e de cada pé.

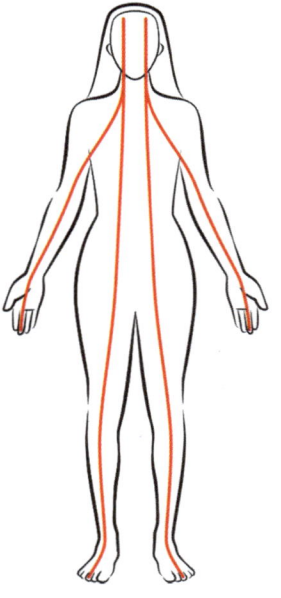

Excesso de fogo: inquietação, insônia, febre, compulsão sexual, estresse, indiferença para com os limites dos outros e muito calor.

Carência de fogo: falta de alegria, paixão e motivação.

ÁGUA

Significado: emoções.

Chakra associado: chakra do sacro.

Dedos da mão e do pé: anular, quarto.

Órgãos associados: genitais.

Características: receptivo, mas ativo; move-se com facilidade, contorna obstáculos ou afasta-os.

Localização: a poucos centímetros de cada lado dos canais de fogo, desce pelas laterais da cabeça, orelhas e peito, chegando ao dedo anular e quarto de cada mão e pé.

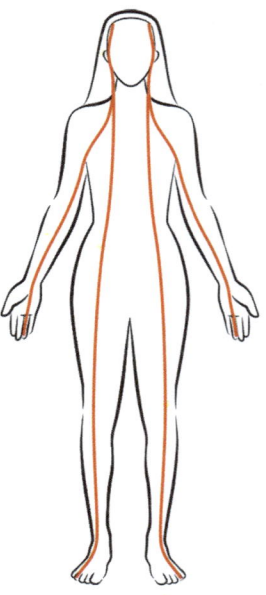

Excesso de água: a pessoa pode ser muito emotiva ou muito flexível; seu humor e emoções podem ser facilmente afetados por quem está perto; a personalidade e os desejos costumam ser um tanto indefinidos.

Carência de água: a pessoa pode ser inflexível e emocionalmente insensível, não dando vazão às suas necessidades emocionais e espirituais.

TERRA

Significado: estável e com a energia sob controle.

Chakra associado: chakra da raiz.

Dedos da mão e do pé: mínimo e mindinho.

Órgãos associados: reto, cólon.

Características: é o mais pesado dos elementos, difícil de mover, estável; às vezes só se desloca lentamente, com dificuldade; reflete nutrição e equilíbrio.

Localização: desce pelos ombros, a poucos centímetros de cada lado do corpo, chegando ao dedo mínimo e mindinho de cada mão e pé.

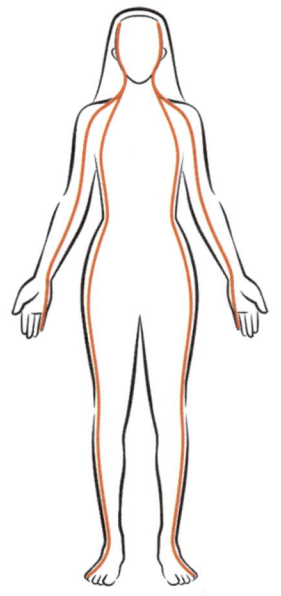

Excesso de terra: a pessoa pode ser lenta, teimosa e obstinada, resistir vigorosamente à mudança ou só mudar com muita dificuldade; move-se devagar, é lenta nos pensamentos, palavras e ações; costuma ver o mundo em preto e branco.

Carência de terra: é pouco estável e centrada; às vezes, parece que vai flutuar para longe; pensa e fala tão rápido que não consegue acompanhar os próprios pensamentos e palavras.

Polos

Há também equilíbrio de energia entre polos opostos, que são igualmente complementares. Na filosofia taoísta, nascida na China antiga por volta de 500 a.C., esses dois polos são chamados de *yin* e *yang*. Um não existe sem o outro. Para criar harmonia e serenidade, deve haver equilíbrio entre essas energias polares.

YIN

Yin representa a terra e a lua. É energia escura, feminina por natureza. Yin governa a matéria. Representa o potencial criador, a contração, a latência. Concentra-se no interior, é receptivo, reservado, profundo e calmo. A energia yin localiza-se dentro do corpo (órgãos, veias, músculos), de onde controla os fluidos e o sangue.

YANG

Representa o sol e o céu, a luz e o brilho. É masculino e governa a energia. É ativo, agressivo, cheio de vida, concentrado no exterior e com tendência à expansão. Representa a ambição. Controla os ciclos de crescimento e expansão, bem como o exterior do corpo e sua energia vital.

Meridianos

A acupuntura/acupressura e a Medicina Tradicional Chinesa trabalham com a energia, ou chi, a qual flui, à semelhança dos nervos, por canais ou meridianos, ao longo de todo o corpo. Mas esses canais são energéticos e conectam o físico ao etérico, ao passo que os nervos são puramente físicos. Quando o chi fica obstruído, surge a dis-função. A acupuntura, a acupressura, o *tapping* e várias outras modalidades procuram remover os bloqueios dos meridianos para que o fluxo do chi volte a seu estado de equilíbrio ideal.

Existem 12 meridianos básicos, divididos em *yin* e *yang*. As energias que constituem opostos polares precisam ser equilibradas para assegurar um nível ideal de bem-estar. Existem seis meridianos *yin* e seis *yang*. Cada qual corresponde a diversos problemas e qualidades. Consulte o diagrama para descobrir a correspondência de cada meridiano com o corpo físico.

Os meridianos yin incluem:

- **Pulmão (Braço Tai Yin)** – aceitação, comunicação, dor, justiça, alívio, receptividade.

- **Baço (Perna Tai Yin)** – prosperidade, integridade, autoestima, subconsciente, ansiedade, capacidade de receber, purificação, limpeza.

- **Coração (Braço Shao Yin)** – amor, aceitação, harmonia e equilíbrio, paz, perdão, tristeza, alegria.

- **Rins (Perna Shao Yin)** – coragem, sentido de pertencer, vigor, paranoia, lucidez, sabedoria, precaução, vitalidade, autovalorização.

- **Pericárdio (Braço Jue Yin)** – amor-próprio, autoproteção, abertura, vulnerabilidade, autoexpressão.

- **Fígado (Perna Jue Yin)** – benevolência, ternura, fé, destino, esperança, raiva, ressentimento, visão, força.

Meridianos Yin

- PULMÃO (BRAÇO TAI YIN)
- BAÇO (PERNA TAI YIN)
- CORAÇÃO (BRAÇO SHAO YIN)
- RIM (PERNA SHAO YIN)
- PERICÁRDIO (BRAÇO JUE YIN)
- FÍGADO (PERNA JUE YIN)

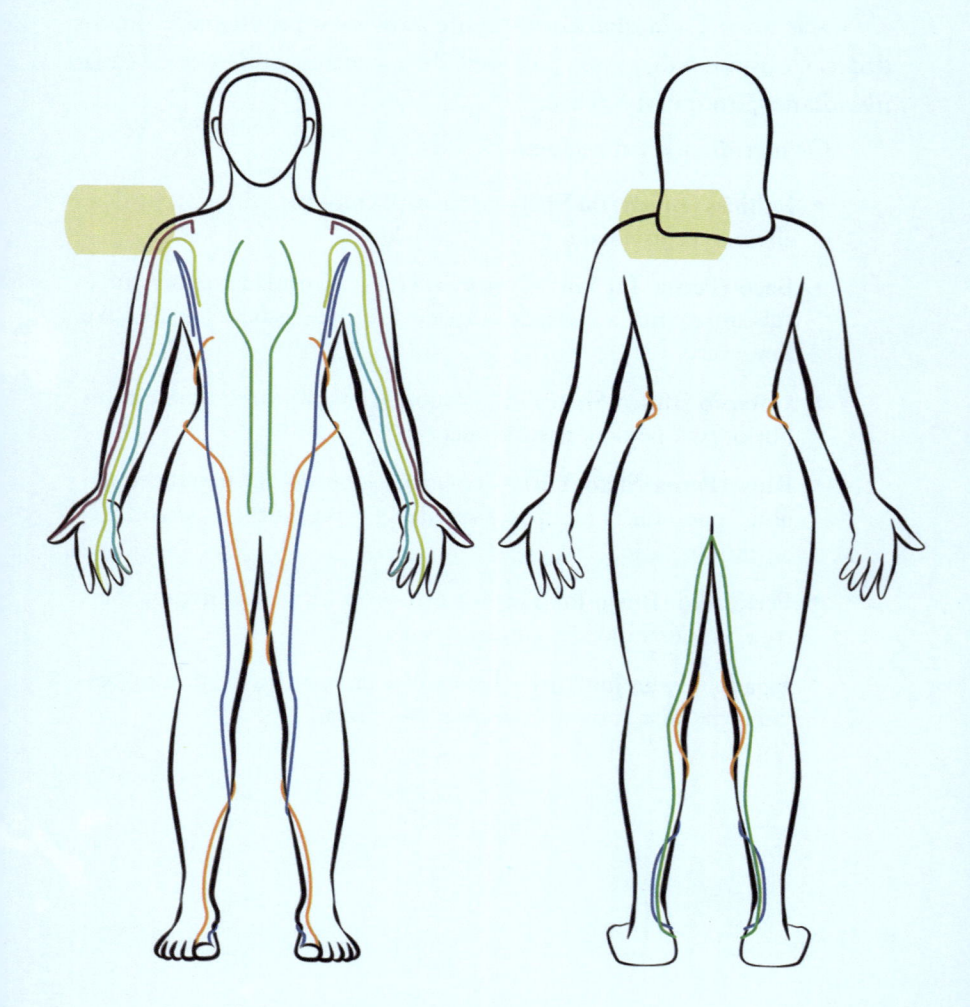

Meridianos Yang

- Intestino grosso (braço yang ming)
- Estômago (perna yang ming)
- Intestino delgado (braço tai yang)
- Bexiga (perna tai yang)
- Triplo-aquecedor (braço shao yang)
- Vesícula biliar (perna shao yang)

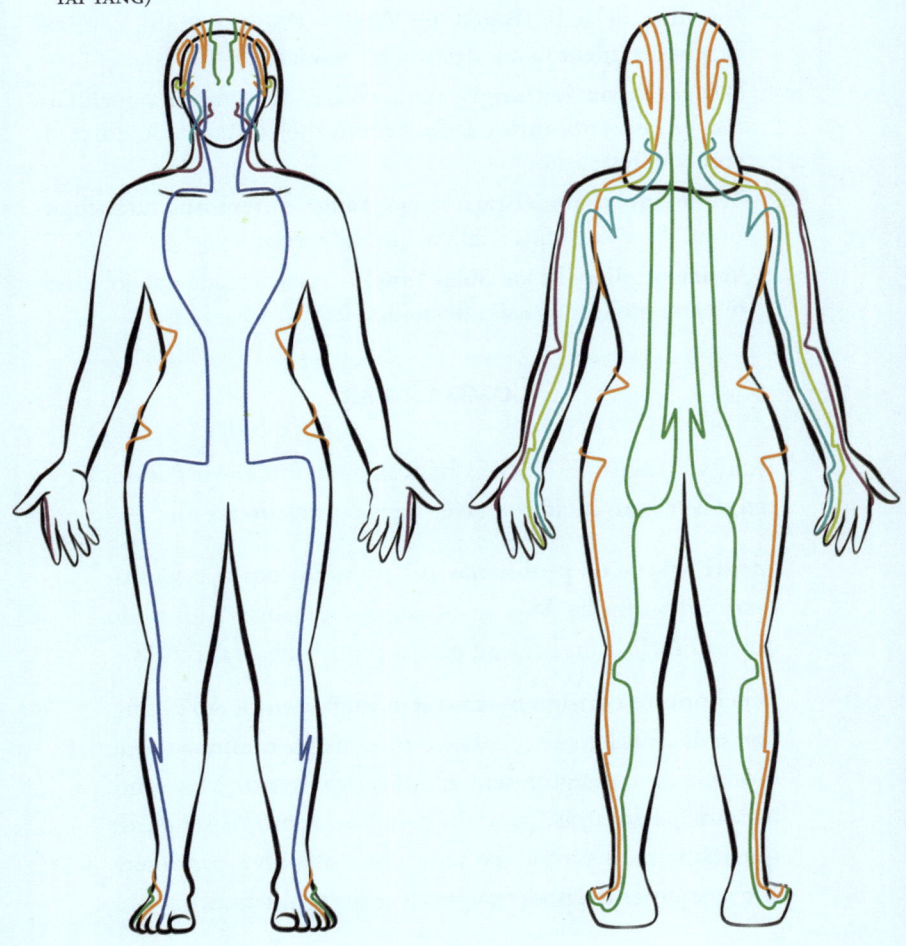

Os meridianos yang incluem:

- **Intestino grosso (Braço Yang Ming)** – confusão, dor, controle, teimosia, pesar, compulsão.
- **Estômago (Perna Yang Ming)** – crítica, ingenuidade, força, estabilidade, intolerância, rejeição, problemas alimentares, nutrição (física e espiritual).
- **Intestino delgado (Braço Tai Yang)** – discernimento, confiança, conhecimento, autodestruição, intelecto.
- **Bexiga (Perna Tai Yang)** – raiva, cólera, suspeita, amargura, ciúme, entusiasmo, intimidade, hedonismo, sexualidade, força de vontade, ressentimento.
- **Triplo-aquecedor (Braço Shao Yang)** – resposta lutar-fugir-imobilizar-se, limites, culpa, amizade, coordenação.
- **Vesícula biliar (Perna Shao Yang)** – assertividade, alívio, raiva, movimento, motivação, flexibilidade.

Como Curar

Aqui vão algumas práticas básicas para ajudar você a desenvolver mais lucidez e viver mais conscientemente:

Identifique seus problemas. O primeiro passo é identificar a dis-função. Veja se consegue descobrir a fonte do desequilíbrio com base no que aprendeu neste capítulo.

Seja honesto consigo mesmo sem julgamento. Ao examinar seus problemas, seja honesto consigo mesmo, o que é difícil de conseguir sem o autojulgamento. Mas tente dar um passo atrás; procure perceber como se sente, de que maneira os problemas passados o afetam e como seus comportamentos podem agravar esses problemas.

Descubra se está pronto para se livrar dos problemas. Pergunte-se: "Estou pronto para esquecer esse problema ou ele ainda me serve de algum modo?". Se achar que o problema continua sendo útil, examine como e por quê. Essa escolha é feita em seu interesse ou o impede de seguir em frente?

Estabeleça a intenção de curar. Como a intenção é tudo, querer curar é o grande passo a ser dado. Dê esse passo silenciosamente, em voz alta, por escrito, meditando ou do modo como achar mais adequado.

Use suas ferramentas. Os próximos capítulos lhe fornecerão ferramentas para corrigir desequilíbrios energéticos. Para o bem-estar geral, adote as Rotinas Diárias de Cura Energética do Capítulo 3. Para curas específicas, use as ferramentas do Capítulo 2 e os remédios do Capítulo 4.

Trabalho emocional e espiritual contínuo. Manter o equilíbrio é um processo contínuo que exige dedicação. Portanto, insista em seu trabalho emocional e espiritual enquanto precisar dele.

Expresse gratidão. Mesmo que seu problema não tenha sido eliminado, expresse gratidão pelo processo de cura. Agradeça a seu sistema de orientação divina pelas advertências e a si próprio por fazer o trabalho.

Celebre o autocuidado. A cura exige concentração, honestidade, autocompaixão e dedicação. Celebre o amor-próprio e seja grato por cada aspecto de seu corpo, mente e espírito que participa do processo de autocura profunda.

Não trabalho muito com os meridianos, mas reconheço que eles desempenham um papel importante em nossos sistemas energéticos. As principais ferramentas que adotei para trabalhar com os meridianos são o *tapping* (tapotagem) e o toque, que podem remover bloqueios ou desequilíbrios responsáveis pela dis-função e permitir que a energia flua livremente de novo.

Próximos passos

Este livro oferece uma introdução à cura energética, mas sua principal finalidade, nos capítulos que se seguem, é dotá-lo de ferramentas práticas que você usará para equilibrar a energia, combater a dis-função e começar a curar. Também ensino rotinas e processos específicos que podem ser adaptados para você satisfazer às suas próprias necessidades. Use as ferramentas que achar mais adequadas. Caso se sinta desconfortável com algumas aqui sugeridas, procure adaptá-las do modo que julgar conveniente.

No próximo capítulo, você encontrará um conjunto de ferramentas que poderá usar em suas próprias práticas de cura energética. Sugiro rotinas diárias, mas aqui entra também sua intuição. Quando se sentir atraído por uma ferramenta específica para determinada situação, tente usá-la. Seu sistema de orientação divina o ajudará a iniciar sua jornada de cura.

A rotina diária vai prepará-lo para a cura. Há neste livro duas rotinas diárias que você poderá adotar como prática regular. Uma exige 5 minutos, a outra 15. Escolha a que o deixar mais à vontade e para a qual disponha de tempo. Você poderá praticá-la uma ou duas vezes por dia ou ir direto aos remédios de cura energética mencionados no Capítulo 4 e trabalhar com técnicas específicas para eliminar os problemas que identificou.

Poderá também incorporar qualquer uma das ferramentas do próximo capítulo ou os remédios do Capítulo 4 à sua rotina diária e, ainda, usá-los em diferentes momentos do dia, dependendo de como esteja se sentindo e do tempo que puder reservar-lhes. Eu pratico minha rotina diária logo de manhã e pouco antes de ir para a cama, com duração de 15 a 30 minutos. Se você dispuser de apenas 5 minutos por dia, escolha uma ferramenta, um remédio ou a rotina de 5 minutos. No fim das contas, não importa por onde você comece. O que importa é sua genuína intenção de curar.

2

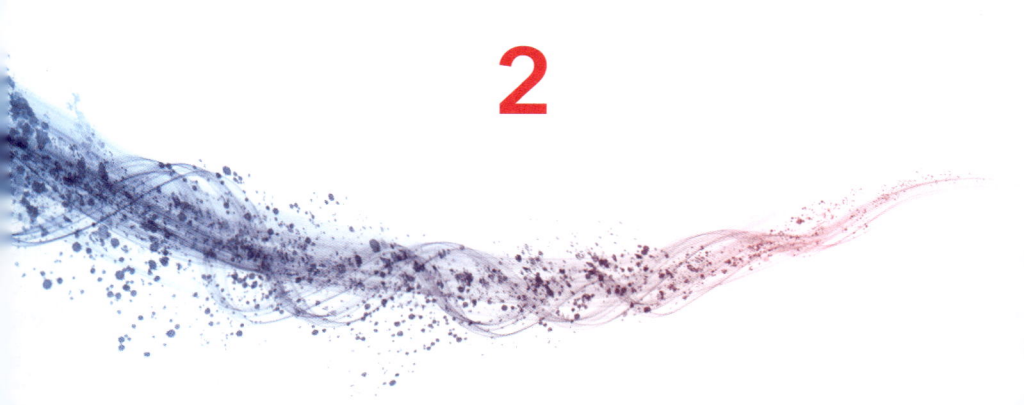

Seu Estojo de Ferramentas de Cura Energética

Você já deve ter entendido que não precisa ser um agente de cura energético para promover a cura vibracional em sua própria vida. Que pode usar várias ferramentas simples para iniciar mudanças energéticas que equilibrarão sua energia física e etérica, provocando alterações no corpo, na mente e no espírito. Assim, estará trabalhando em prol de seu maior e mais elevado bem. O emprego intencional e consistente das sete ferramentas principais descritas neste capítulo vai ajudá-lo a remover bloqueios, gerando equilíbrio e harmonia em diversos aspectos da sua vida e do seu ser.

A mentalidade da cura

Sua mente desempenha um papel importante na cura por meio do equilíbrio energético. Para facilitar a cura, você precisará das seguintes habilidades:

Concentração. É essencial permanecer concentrado em seu objetivo de cura.

Emoção positiva. As emoções positivas possuem uma vibração mais alta que as negativas; portanto, cultivar intencionalmente qualidades como gratidão, alegria e paz ajuda a promover mudanças energéticas positivas.

Disciplina. Para que suas ferramentas e práticas de cura se tornem um hábito, você precisa ser disciplinado a fim de usá-las por cerca de 10 semanas. O uso habitual dessas ferramentas aumenta exponencialmente suas chances de cura.

Flexibilidade. Com frequência, durante o processo de cura, você se deparará com emoções e crenças responsáveis por bloqueios energéticos que estão aí há décadas. Para uma cura real, você precisa ter flexibilidade a fim de encarar esses problemas à medida que vão se revelando e eliminá-los antes de voltar a seu objetivo original.

Manter uma mentalidade de cura também pode ajudá-lo a não regredir à negatividade, aos hábitos improdutivos e ao pensamento rígido, que podem adiar ou comprometer o processo de cura.

Culpa *versus* Responsabilidade

Quando dou aulas sobre cura energética, inevitavelmente alguém faz uma pergunta do tipo: "Você está dizendo que devo me culpar por minha doença?". Não gosto da palavra "culpa". Ela implica julgamento e insinua que estamos conscientemente criando doenças devido à falta de força ou caráter. Esse de modo algum é o caso.

Sim, acredito que todos somos responsáveis por aquilo que acontece em nossa vida, mas não quer dizer que devamos nos culpar por isso. Fazemos o melhor possível, a qualquer momento, com as ferramentas que temos à nossa disposição. No caso de desequilíbrios energéticos, às vezes nem nos damos conta de que eles existem. Mas não criar conscientemente os desequilíbrios não significa que não sejamos responsáveis por eles.

Tudo que acontece, seja uma doença, a perda de um ente querido ou qualquer outra coisa, é uma oportunidade. Cabe a nós descobrir qual vem a ser essa oportunidade e como podemos evoluir a partir dela. Assim, quando surge uma circunstância que necessita de cura, ela está aí como uma oportunidade e devemos descobrir que oportunidade é essa, para podermos crescer e mudar graças a ela. Aceitar a responsabilidade pessoal é o primeiro passo para corrigir qualquer desequilíbrio que ela criou.

Intenção, a principal ferramenta

Sua mente, emoções, pensamentos, ações e crenças influenciam poderosamente sua saúde física e etérica. A intenção de curar e a crença na possibilidade da cura explicam por que os placebos – substâncias inócuas, como pílulas de açúcar – se mostram tão eficazes nas pesquisas clínicas. Uma meta-análise mostrou que os pacientes respondem aos placebos em 35% dos casos.

Se a crença numa pílula de açúcar é poderosa o bastante para provocar mudança, imagine quanto você pode ser poderoso se, intencionalmente, decidir se curar.

Para mim, toda cura é autocura e toda autocura começa com a intenção de mudar. Intenção é energia direcionada. Vai além do objetivo: funciona como um princípio motivador que faz as vezes de alicerce sobre o qual se ergue toda cura energética. Sua intenção é seu placebo, porém mais forte que uma pílula de açúcar. Ela direciona o foco e a energia para facilitar o equilíbrio do corpo, da mente e do espírito.

Meditação

A meditação é um recurso excelente para concentrar a intenção e entrar em um estado positivo e calmo. Para nossa finalidade, ela consiste em qualquer atividade usada com vistas a acalmar e concentrar a mente. Exige presença e abandono dos pensamentos que vão surgindo, principalmente as crenças negativas ou autolimitadoras.

A meditação é também uma ferramenta essencial para a cura energética porque cria a mentalidade de cura necessária ao bom êxito da terapia. Comparo a meditação à tecla *reset* que limpa programas negativos e nos permite consolidar nossa intenção. Meditar nos permite "voar" para as esferas etéricas onde ocorre a cura energética e nos oferece a oportunidade de visualizar qual será nossa experiência e como nos sentiremos uma vez livres do problema que desejamos superar.

A meditação nos dá as ferramentas de que precisamos não apenas para acreditar na cura, mas também para vivenciar e praticar a sensação de cura, que depois traremos para nossa vida cotidiana. Depois de cada meditação, você deve usar técnicas de aterramento para prender a experiência a seu corpo e ao planeta, a fim de manifestar sua intenção de cura no plano físico.

Mantras na meditação

Muitas pessoas usam mantras para meditar. Os mantras tradicionais, de origem hindu e budista, eram a princípio uma única palavra ou frase em sânscrito, como *om* (o som do universo) ou *om mani padme hum* (que significa "a joia no lótus"), cuja finalidade era concentrar a mente durante a meditação e manter outros pensamentos a distância.

Com o passar dos anos, os mantras evoluíram e deixaram de ser apenas frases espirituais. Você pode criar qualquer mantra que quiser para usar durante a meditação. Pode ser uma palavra, como *saúde* ou *bem-estar*, ou uma frase, sentença, afirmação ou declaração de intenção, como "Estou curado", "Sou saudável" ou "Dou graças por estar em ótima condição física, mental, emocional e espiritual".

Use seu mantra durante a meditação, repetindo-o várias vezes em voz alta ou mentalmente. Quando pensamentos surgirem, faça com que desapareçam e volte de novo a atenção para o mantra.

Tipos de meditação

Muitas pessoas se intimidam à ideia de meditação, acreditando que significa ficarem sentadas em silêncio na posição do lótus (de pernas cruzadas, apoiando os pés nas coxas) por longos períodos, com a mente vazia e entoando um mantra. Quando eu supunha que essa era a única forma de meditação, parecia-me uma tortura.

Embora ficar sentado de pernas cruzadas e cantando funcione para muitas pessoas, é uma técnica que não funciona para todas. E se a meditação lhe parecer uma forma de tortura, você a evitará. Felizmente, há outras maneiras de meditar e você pode escolher uma posição que ache confortável. Eis algumas:

Meditação com mantra: consiste em repetir um mantra, conforme descrito acima. Escolha um e use-o como ponto focal, concentrando-se nele sem esforço toda vez que notar a irrupção de pensamentos. Isso funciona bem para resolver problemas de saúde específicos ou gerais.

Visualização: em uma meditação visualizada, você cria um "filme" em sua cabeça sobre como sua vida será depois de realizar sua intenção. Durante esse tipo de meditação, visualize os detalhes de sua vida como se já estivesse curado. O que você faz? O que você pensa? Como está se sentindo física e emocionalmente? Torne o filme o mais realista possível. Esse tipo de meditação é ideal para ajudá-lo a concretizar projetos e intenções.

Visualização guiada: na visualização guiada, você trabalha com um roteiro ou uma gravação, procurando visualizar o que escreveu ou gravou. Funciona muito bem para ações como remover bloqueios energéticos e equilibrar energias.

Afirmação: nesse tipo de meditação, você prepara uma lista de afirmações escritas sob a forma de declarações positivas a respeito daquilo que deseja. Por exemplo: "Meu corpo funciona exatamente como deveria" ou "Durmo profundamente, confortavelmente, tranquilamente e acordo recuperado todas as manhãs". Repita essas afirmações em voz alta ou escreva-as, podendo também lê-las durante a meditação. Afirmações são ótimas para ajudá-lo a alcançar objetivos de cura.

Meditação com som: aqui, você se concentra num som – que você mesmo emite, tira de um instrumento musical ou escuta com fones de ouvido. As meditações com som são particularmente úteis para resolver problemas físicos.

Meditação em movimento: esse tipo de meditação envolve práticas de movimento como yoga, dança, caminhada ou mudras (também chamados de yoga com as mãos, quando você as usa para gerar mudanças energéticas). Durante a meditação, você se concentra no movimento e no fluxo de energia que ele gera. Se sua mente se dispersar, traga-a delicadamente de volta ao movimento. É uma ótima meditação para equilibrar e redistribuir a energia. (Quando mencionamos os mudras neste livro, uma ilustração os acompanha.)

Como meditar

Meditar não precisa ser difícil. É um processo simples e que deve ser agradável.

ONDE MEDITAR

Escolha um local que seja tranquilo e o faça se sentir bem, um local em que não seja perturbado. Eu tenho um espaço no segundo andar onde deixo meus cachorros. Certifique-se de que o local tenha também uma luz suave.

ACESSÓRIOS DE QUE VOCÊ PRECISA PARA A MEDITAÇÃO

Os acessórios de que você precisa dependem do tipo de meditação escolhido. Monte um cenário agradável, como almofadas no chão, uma poltrona macia, um sofá ou uma cama. Você precisará também de um cobertor leve para se manter aquecido, roupas confortáveis, bons calçados caso vá fazer a meditação andando, um copo de água à mão, um cronômetro e qualquer outra coisa que planeje usar, como uma tigela tibetana ou seu celular.

ANTES DE MEDITAR

Desligue tudo que possa distraí-lo durante a meditação, como avisos de mensagem, sobretudo se estiver ouvindo música no computador, *smartphone* ou *tablet*. Se possível, deixe em outro cômodo os aparelhos que não estiver usando. Se precisar fazer alguma coisa, faça-a antes da meditação ou essa lembrança ficará em sua mente o tempo todo. Também é uma boa ideia usar o banheiro antes de começar.

PARA MEDITAR

Depois que eliminar o máximo de distrações externas possível, marque no relógio o tempo que planeja meditar. Então, fique numa posição confortável e feche os olhos. Inspire fundo pelo nariz e expire pela boca, tentando perceber o ar que se move para os pulmões e o resto do corpo. Se lhe ocorrerem pensamentos, reconheça-os e delicadamente elimine-os. Quando estiver no estado de relaxamento, comece a meditação que escolheu.

DEPOIS DA MEDITAÇÃO

Findo o trabalho, estabilize sua energia para devolvê-la ao corpo, visualizando raízes saindo de seu centro e mergulhando na terra. Depois de abrir os olhos, tome um gole de água para se estabilizar ainda mais.

Cura pelas mãos

Quando as crianças se machucam, uma das primeiras coisas que fazem é apertar a área do ferimento. Por quê? Mesmo crianças muito pequenas sabem instintivamente que há energia curativa nas mãos e no toque humano. Por isso elas se sentem melhor quando suas mães beijam o "dodói". O contato humano é terapêutico porque promove uma troca de energia; e, quando é intencionalmente terno e amoroso, transmite a energia do afeto para ambas as partes. O toque é uma maneira de compartilhar energia e ajudar outra pessoa de um modo solidário e compassivo. Seu próprio toque pode ter resultado semelhante.

Curar Outros

Como eu já disse, toda cura é autocura. Mesmo sendo uma terapeuta energética profissional que trabalha regularmente com parceiros de cura, compreendo que não sou a responsável pelo resultado: os responsáveis são eles. Sou apenas um canal e só trato de pessoas que pedem minha ajuda. Nunca tento curar alguém sem sua permissão.

Os agentes de cura energéticos têm um rigoroso código de ética. Mesmo podendo enviar energia curativa a distância, nunca fazemos isso sem um pedido claro e a permissão do interessado. Ninguém tem o direito de impor uma cura a outra pessoa, mesmo acreditando que isso vá ajudar. A vida de cada pessoa lhe pertence e ninguém mais pode decidir se essa pessoa precisa mudar.

> Mesmo conhecendo inúmeras técnicas de cura energética, você não deve se esquecer de que só pode curar uma pessoa: você mesmo. Você não tem a obrigação nem a capacidade de curar outros, apenas o conhecimento para *ajudá-los* quando pedirem sua assistência. Se alguém lhe pede para ajudá-lo a se curar, ensine-lhe as técnicas que aprendeu e diga-lhe para se lembrar sempre de que o caminho da cura é unicamente dele. Não cabe a você decidir se uma pessoa precisa de cura ou como essa cura vai acontecer.

Toque simples

O toque simples não exige nenhuma instrução ou sintonia. Trata-se de uma maneira de enviar energia afetiva por meio do calor das mãos até a parte de você mesmo que precisa ser curada. Tente as técnicas a seguir.

TÉCNICA DO TOQUE

Para aplicar a técnica do toque, simplesmente pouse uma ou as duas mãos sobre a área na qual quer receber a energia (por exemplo, o chakra do coração).

Isso lhe permite transferir energia do universo para seu coração ou tirá-la do coração e enviá-la para o universo. No toque simples, coloque as mãos de um modo confortável e reconfortante. Se possível, aqueça-as primeiro esfregando-as uma na outra para que o toque fique mais agradável. Essa técnica ajuda a acalmar e harmonizar a energia, dirigindo-a para as mais diversas áreas de seu corpo.

TERAPIA DE GOLPES

O golpe é estimulante e ajuda a despertar, fortalecer, mover ou direcionar a energia. Para aplicar essa técnica, golpeie levemente, com a palma das mãos, na direção que deseja imprimir à energia. Por exemplo, se quiser estimular a energia cardíaca e movê-la para a garganta, golpeie de leve sobre o chakra do coração, em um movimento ascendente, aumentando a distância dos golpes até retirar a energia do coração e passá-la para a garganta. Essa técnica é boa também para desobstruir áreas de energia bloqueadas nos meridianos ou equilibrar as energias elementares no corpo.

Tapping

O *tapping* ("tapotagem") é o método pelo qual você pode executar a Técnica de Libertação Emocional (TLE). Desenvolvida por Gary Craig e introduzida em 1995, a TLE ajuda a equilibrar e mover a energia ao longo dos meridianos, sendo, portanto, eficaz para usar quando pensamentos e crenças inúteis ficam presos ao corpo. Em cada sessão de *tapping*, concentre-se numa crença que já não lhe serve. Enfrente o problema e recorra a uma afirmação que declare esse problema resolvido. No caso de ansiedade, por exemplo, a afirmação poderá ser: "Sinto-me calmo e em paz" ou "Livrei-me da ansiedade".

Quando você aplicar essa técnica, use os dedos indicador e médio de sua mão dominante – aquela a que recorre para escrever ou arremessar uma bola – a fim de bater firmemente pelo menos cinco vezes nos seguintes pontos, em sequência:

Lado da mão não dominante: aquele que emprega para executar o golpe de corte no karatê.

Alto da cabeça: o centro da coroa.

Sobrancelha: o ponto onde as sobrancelhas se encontram na parte superior do nariz.

Lado do olho: o canto externo de cada olho.

Área embaixo do olho: o osso logo abaixo do centro de cada olho.

Área sob o nariz: espaço entre o nariz e o lábio superior.

Área embaixo do lábio: depressão acima do queixo e abaixo do lábio inferior.

Clavícula: ponto onde ela se encontra com o esterno de cada lado.

Área embaixo do braço: logo abaixo da axila, de cada lado do corpo.

Quando bater no lado da mão, diga em voz alta: "Mesmo que eu tenha (problema), aceito-me profunda e completamente". Então, inicie a sequência de tapinhas, começando pelo alto da cabeça. Repita a afirmação várias vezes, enquanto trabalha cada ponto.

Pontos Energéticos

- ALTO DA CABEÇA
- SOBRANCELHA
- LADO DO OLHO
- ÁREA EMBAIXO DO OLHO
- ÁREA EMBAIXO DO NARIZ
- ÁREA EMBAIXO DO LÁBIO
- CLAVÍCULA
- PONTO SENSÍVEL
- ÁREA EMBAIXO DO BRAÇO
- FÍGADO
- LADO DA MÃO
- PULSO

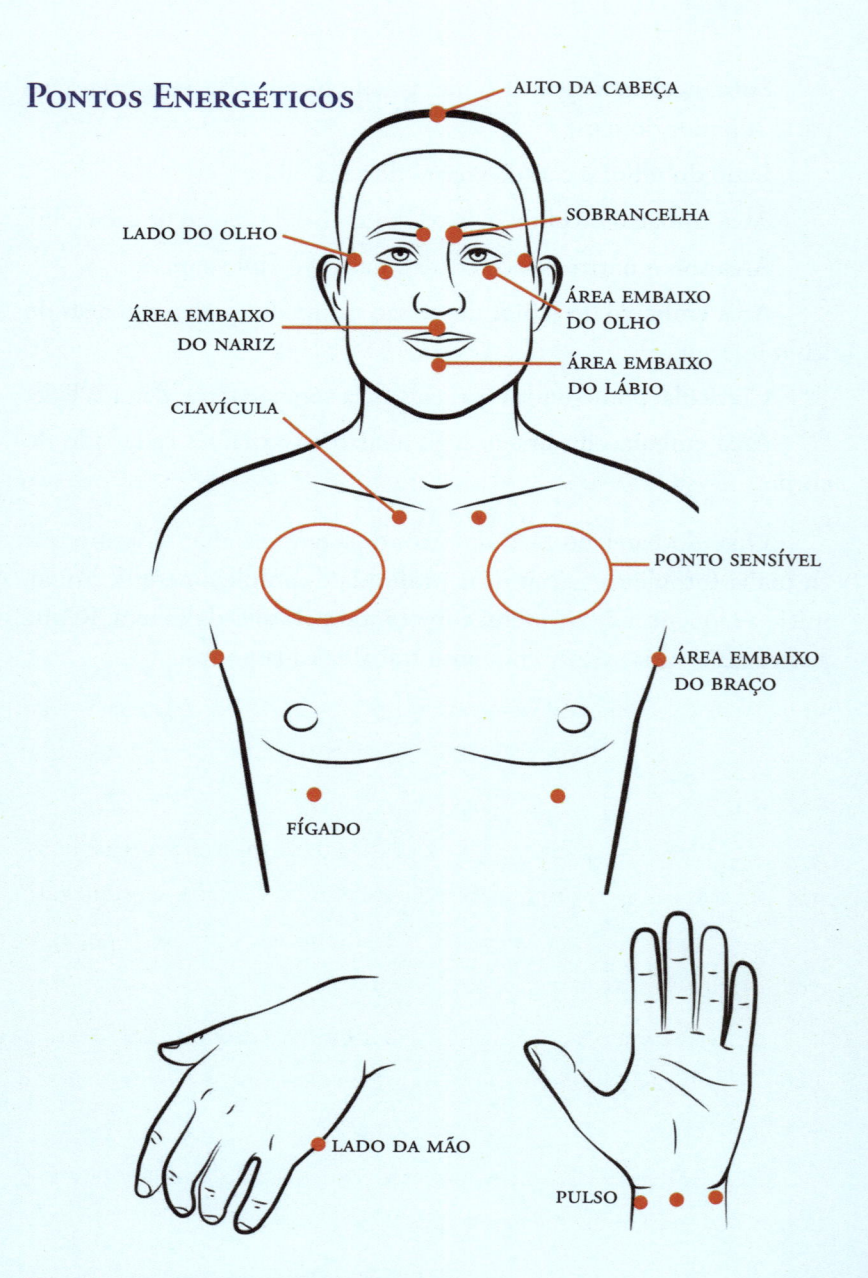

Outras modalidades de toque

Há diversas modalidades de toque que exigem treinamento e sintonia. Se você as aprendeu e está sintonizado com elas, use-as para a autocura juntamente com os remédios e as rotinas, em lugar do toque simples.

Reiki: técnica de aplicação das mãos, de perto e de longe, que exige treinamento e sintonia com um Mestre/Instrutor, pessoalmente ou *on-line*.

Toque Quântico®: envolve canalizar a energia da terra e do universo até um parceiro de cura ou você mesmo, por intermédio das mãos ou dos dedos. Para se tornar um praticante de Toque Quântico, você precisará assistir a muitas aulas *on-line* ou presenciais.

Toque curativo: desenvolvido nos anos 1980. Para se tornar um praticante, você precisará seguir um programa de muitas aulas e seminários.

Terapia da polaridade: é uma prática de bem-estar com as mãos, que equilibra e harmoniza a energia entre os polos positivo e negativo, equilibrando também as energias elementares: terra, ar, fogo, água e éter. Exige muitos cursos e certificado.

Acupuntura e acupressura: seu objetivo é equilibrar a energia nos meridianos e remover bloqueios. Exigem-se treinamento e certificado.

Reflexologia: usa pontos nas mãos e pés a fim de liberar energia. Exigem-se treinamento e certificado.

Cura pelo som

Se você duvida que o som afeta a vibração de tudo à sua volta, ouça música ao vivo. Repare que a sente no corpo. A música tem a capacidade de mudar nosso humor, modificar nossa atitude e muito mais. Você já se sentiu motivado profundamente por, digamos, uma peça de música clássica? Então, sem dúvida estava reagindo à intenção vibracional do som.

A natureza vibracional do som é demonstrada pela prática de alguns médicos que usam um diapasão para diagnosticar ossos fraturados. Eles fazem o diapasão vibrar e colocam-no sobre o local onde há suspeita de fratura. A vibração do som emitido pelo diapasão faz com que a dor na fratura aumente.

Você pode usar o som em sua prática de cura energética de várias maneiras. Algumas, como os mantras e o canto, exigem apenas a voz. Outras requerem baixar um aplicativo gratuito ou barato em seu *smartphone* ou *tablet*. Mas você pode usar também um cristal ou uma tigela tibetana durante a prática de cura.

Mantras *Bija*

Os mantras *bija* são sílabas isoladas que você pode emitir a fim de estimular e ativar seus chakras. Cada chakra tem seu próprio mantra *bija*. Você pode usá-los na meditação, entoando-os em sequência ou concentrando-se num único chakra e repetindo seu mantra *bija* várias vezes.

Chakra da raiz: sílada *lam* estendida: *lammmmm*.

Chakra do sacro: sílaba *vam* estendida: *vammmmm*.

Chakra do plexo solar: sílaba *ram* estendida: *rammmmm*.

Chakra do coração: sílaba *yam* estendida: *yammmmm*.
Chakra da garganta: sílaba *ham* estendida: *hammmmm*.
Chakra do terceiro olho: sílaba *aum* ou *om* estendida: *ommmmm*.
Chakra da coroa: silêncio.

Vogais

Se você não quer decorar os mantras *bija* ou teme não pronunciá-los corretamente, pode entoar os sons vocálicos associados a cada chakra a fim de ativar e equilibrar seus chakras (ver p. 62). Estenda os sons da maneira descrita na seção anterior.

Tigelas Tibetanas

As tigelas tibetanas são fáceis de tocar. Eu gosto de usá-las em meditações e trabalhos de cura energética. Há dois tipos de tigelas tibetanas: de metal e de cristal.

TIGELAS TIBETANAS DE METAL

São feitas geralmente de latão ou de bronze. As de bronze são de qualidade superior, sobretudo quando fabricadas no Himalaia (daí o nome "tigelas tibetanas").

Vogais Curativas

- I
- Ei
- Ai
- A
- O
- Ou
- U

Os budistas tibetanos acreditam que essas tigelas tibetanas transmitem o *dharma* (conjunto dos ensinamentos do Buda) quando são tocadas. Elas emitem várias notas quando percutidas. Trabalham todo o sistema energético do corpo e não apenas chakras isolados.

TIGELAS TIBETANAS DE CRISTAL

São feitas de cristal de quartzo pulverizado ou de uma combinação de quartzo com outros cristais. Emitem uma única nota quando percutidas e tendem a sintonizar-se com um único chakra. As notas são as seguintes: dó e dó sustenido para o chakra da raiz, ré e ré sustenido para o chakra do sacro, mi para o chakra do plexo solar, fá e fá sustenido para o chakra do coração, sol e sol sustenido para o chakra da garganta, lá e lá sustenido para o chakra do terceiro olho e si para o chakra da coroa.

Aplicativos

Aplicativos para *smartphone*, *tablet* e computador oferecem uma variada gama de opções de cura pelo som. Aqui estão algumas:

SINTONIA COM OS CHAKRAS

Aplicativos como o Chakra Tuner apresentam uma série de tons que se conectam com cada chakra. É possível marcar a duração de cada tom. Ouça esses aplicativos com fones de ouvido e visualize cada chakra concomitantemente a cada tom. Você também pode repetir um chakra caso precise equilibrá-lo.

FREQUÊNCIAS DE SOLFEGGIO

As frequências de Solfeggio são sons que vibram a certa frequência e correspondem a diferentes áreas do corpo. Podem ser tons específicos ou peças musicais sintonizadas com cada tom. Aplicativos como o Solfeggio Sonic Meditations usam música e sons sintonizados com determinada frequência a fim de equilibrar ou estimular certas energias. As frequências de Solfeggio se baseiam em notas usadas no canto gregoriano e cada uma ajuda a equilibrar energias de acordo com as intenções.

396 Hz: medo, segurança e problemas de culpa (chakra da raiz).

417 Hz: bloqueios ou fracassos (chakra do sacro).

528 Hz: manifestação e criação (chakra do plexo solar).

639 Hz: perdão, compaixão, relacionamentos (chakra do coração).

741 Hz: comunicação e expressão criativa (chakra da garganta).

852 Hz: intuição e capacidade psíquica (chakras do terceiro olho/da coroa).

963 Hz: conexão com o Divino (chakra da coroa).

BANHO DE SOM

Aplicativos como o Gong Bath facilitam o relaxamento enquanto as vibrações de instrumentos de cura sagrada nos envolvem.

SONS BINAURAIS

Os sons binaurais são padrões específicos de sons que passam do ouvido direito para o esquerdo a fim de estimular diferentes tipos de ondas cerebrais. É preciso ouvir os sons binaurais com fones de ouvido. Aplicativos como o BrainWave estimulam nossas ondas cerebrais para alcançarmos os estados alfa, beta, delta ou teta, estimulando vários tipos de cura, como um sono melhor, ou para entrarmos em estados de meditação mais profundos.

Cristais

Os cristais são rochas ou minerais com estrutura cristalina. Há centenas de diferentes tipos de cristais, cada qual com sua frequência e propriedades terapêuticas. Você poderá aprender mais sobre esse assunto consultando a internet ou um bom livro que enumere os diferentes cristais e suas propriedades.

Cada cristal tem sua própria frequência, baseada na cor, opacidade e estrutura interna. Quando você coloca um cristal num ambiente, ele se sintoniza em algum ponto mediano com a energia dos seres e coisas que os rodeiam. Em consequência, os cristais elevam a frequência vibracional de tudo que está por perto, enquanto abaixam ligeiramente a sua própria. Depois que o cristal se sintonizou com a energia de outra coisa, você poderá limpá-lo e fazer com que ele volte à sua alta frequência original. Assim, o cristal se sintonizará de novo com o que está por perto, elevando sua frequência a um nível maior do que antes. Você poderá, pois, usar um cristal por longos períodos de sintonia e limpeza, elevando desse modo, continuamente, a vibração de um objeto em seu ambiente.

Cristais são fáceis de usar. Se forem limpos de vez em quando, continuarão a trabalhar em seu ambiente mesmo que você não faça mais nada com ele. Todavia, quando usados com intenção, tornam-se ainda mais poderosos. Use-os também de outras maneiras: trazendo-os consigo ao meditar, em elixires (mas *apenas* conforme descrito mais adiante, em Rotinas Diárias de Cura Energética) ou encostando-os ao corpo durante a meditação ou rituais de cura.

Um modo fácil de escolher o cristal certo é preferir aquele que tenha uma cor condizente com o chakra associado ao problema a ser resolvido.

Vermelho/preto – chakra da raiz: problemas físicos associados às extremidades inferiores, segurança, depressão.

Marrom/laranja – chakra do sacro: seu papel na família/comunidade, ideias criativas, prosperidade, sexualidade, estômago, órgãos sexuais.

Amarelo/dourado – chakra do plexo solar: autoestima e problemas relacionados, costelas, rins, adrenais, fígado, vesícula biliar.

Verde/rosa – chakra do coração: amor, raiva, amargura, dor, perdão, coração, pulmões, parte central das costas.

Azul – chakra da garganta: expressão criativa, julgamento e crítica, dizer a verdade, garganta, boca, pescoço, tireoide.

Violeta/púrpura – chakra do terceiro olho: pensamento crítico, raciocínio, intuição, sono, vício, cabeça, olhos, ouvidos.

Branco/claro – chakra da coroa: problemas de saúde sistêmicos, ossos, pele, distúrbios mentais, conexão com um poder superior.

Sete cristais que você deve possuir

Os sete cristais que recomendo aqui têm preço acessível e são fáceis de achar. Cada um se conecta com um dos chakras, de modo que você pode usá-los em qualquer ritual de cura descrito nos próximos capítulos. (Você encontrará mais opções de cristais para cada chakra no Guia Rápido de Chakras e Ferramentas de Cura Energética, p. 129.)

Turmalina negra: esse cristal associado ao chakra da raiz é uma ótima ferramenta para várias finalidades. É estabilizador e pode bloquear a energia negativa, transformando-a em positiva. A turmalina negra também ajuda em problemas relacionados com o chakra da raiz, como medo e insegurança. Caso não a encontre, substitua-a por **hematita**.

Cornalina: uma variação da ágata, a cornalina possui uma cor laranja brilhante, é fácil de achar e barata. Use-a quando estiver trabalhando com o chakra do sacro para obter prosperidade, superar problemas sexuais e eliminar quaisquer conflitos que possa ter quanto à sua inserção na comunidade ou família. Caso não a encontre, substitua-a por **quartzo enfumaçado**.

Citrino: uma variante amarela do quartzo. O citrino amarelo-claro ocorre naturalmente (já é formado assim), enquanto as variantes preto-amarelada, laranja-amarelada ou marrom-amarelada são criadas pelo aquecimento de quartzo enfumaçado ou ametista. Mas, seja ele natural ou criado pelo aquecimento, a frequência vibratória da cor funcionará da mesma maneira. O citrino é, por natureza, uma pedra da prosperidade, mas também ajuda em problemas relacionados ao plexo solar. Aumenta a autoestima e a força de vontade. Se não encontrar o citrino ou não se der bem com ele, substitua-o pelo **olho-de-tigre**.

Quartzo rosa: essa bela pedra rosa é fácil de achar e barata. É a variante rosa natural do quartzo, o segundo mineral mais comum no planeta (o primeiro é o feldspato). O quartzo rosa, uma pedra do chakra do coração, é ótimo para promover o amor incondicional, o amor romântico, o perdão e a compaixão, além de serenar a raiva e a amargura. Se não conseguir encontrá-lo, substitua-o por **ágata musgo**.

Celestita: tem uma suave cor azul, com cristais brilhantes e muito bonitos. Sua cor azul deriva do elemento metálico estrôncio. É um delicado cristal do chakra da garganta e pode ajudar na comunicação, expressão criativa e apego à verdade.
Também é bom para problemas de tireoide, garganta, boca, dentes, mandíbula e gengiva. Se não conseguir encontrá-la, substitua-a por **calcedônia** ou **ágata azul rendada**.

Ametista: a ametista é a variante púrpura do quartzo. É conhecida como pedra da sobriedade porque ajuda muito as pessoas que estão se recuperando. Chamam-na também de pedra do viajante, pois garante um trânsito fácil. A ametista pode melhorar o sono, proporcionar sonhos significativos e ajudar a pessoa a se conectar com sua intuição. Liga-se ao chakra do terceiro olho, aliviando a enxaqueca, distúrbios mentais e oftalmias. Se não conseguir encontrá-la, substitua-a por **kunzita**.

Quartzo transparente: você encontrará o quartzo transparente em qualquer loja de cristais que visitar. É uma pedra de cura universal com a capacidade de amplificar o poder de outras pedras e direcionar sua energia.
Além disso, equilibra o chakra da coroa e facilita a conexão com o poder superior. Se, por um raro acaso, você não conseguir encontrar essa pedra, substitua-a por **howlita**.

Compra de cristais

Meu modo favorito de comprar cristais é em lojas ou feiras, nas quais escolho aqueles que mais me atraem. Da próxima vez que você for comprar cristais pessoalmente, faça o seguinte:

1. Antes de entrar na loja, fique sentado em seu carro ou esperando do lado de fora por um instante; feche os olhos e respire fundo, inspirando pelo nariz e expirando pela boca.
2. Diga mentalmente: "Leve-me aos cristais que se prestarão ao meu maior e mais elevado bem".
3. Quando se sentir calmo e relaxado, entre na loja. Procure sentir para onde está sendo atraído e vá até essa seção da loja.
4. Uma vez ali, examine cada cristal que chamar sua atenção.
5. Pegue um deles e segure-o por algum tempo até descobrir se teve um "clique" ou uma intuição.
6. Concentre-se no modo como o cristal o faz se sentir e no lugar onde o sente em seu corpo. Se a sensação for agradável, ele é o cristal certo para você.

Você também pode comprar cristais pela internet. Há dois sites de que eu gosto particularmente porque os proprietários são de confiança e sabem bem a qualidade de seus produtos: BestCrystals.com e HealingCrystals.com. Você pode confiar em qualquer um deles, pois vão lhe entregar cristais de alta qualidade, anunciados honestamente em seus *websites*.

Prepare-se para usar cristais

Ao chegar em casa com os cristais, limpe-os imediatamente. Você pode fazer isso colocando-os numa tigela tibetana e percutindo-a, banhando-os na fumaça de um maço de sálvia, incenso ou madeira de *palo santo*, ou deixando-os à luz da lua ou do sol por doze horas. Recomendo a limpeza dos cristais nas seguintes ocasiões:

- Imediatamente ao voltar para casa da loja.
- Depois de usá-los na meditação ou em rituais de cura.
- Quando outra pessoa os pegou ou usou.
- Depois de períodos de discórdia em sua casa ou em sua vida, como após uma doença, mudança dramática no cotidiano ou discussão.
- A intervalos regulares (algumas vezes por semana para os cristais que usar e pelo menos uma vez por semana para os outros).

Ao limpar a intervalos regulares, você pode simplesmente espalhar fumaça de incenso sobre os cristais.

Aromaterapia

As plantas são seres vivos com os quais dividimos o planeta. Possuem propriedades curativas muito especiais, e a aromaterapia é um excelente recurso para introduzir a energia terapêutica das plantas em sua vida. Para a cura, a aromaterapia usa óleos essenciais, que são essências vegetais concentradas, destiladas com alto grau de pureza.

Ervas e plantas sagradas têm sido usadas há séculos nas tradições terapêuticas, não só como remédios, mas também para modificar a energia das situações. Foram empregadas por praticamente todas as culturas e formas de espiritualidade ao longo da história, tanto em rituais quanto para propósitos medicinais. Os antigos egípcios, por exemplo, usavam-nas em suas cerimônias religiosas e na prática do embalsamamento, a fim de facilitar a passagem da alma para o plano espiritual. No feng shui (a arte chinesa de posicionamento para facilitar o fluxo de energia), algumas plantas são usadas para ajudar a dotar os espaços com diferentes tipos de energia. Os nativos americanos queimam ervas para limpar energeticamente os espaços. A Igreja Católica emprega incenso em seus ritos e cerimônias, para que ele leve as preces ao céu.

Muitas pessoas conhecem os benefícios da aromaterapia, mas não sabem que os óleos essenciais também afetam a energia. Esses óleos utilizam a energia pura das plantas a fim de modificar a energia nas áreas onde são aplicados ou difundidos. Cada óleo tem sua própria vibração, que pode se combinar com a vibração humana e elevá-la.

Há duas maneiras principais de usar a aromaterapia: topicamente e por difusão. Na aromaterapia tópica, você pinga algumas gotas de óleo essencial num óleo carreador (vegetal ou de oleaginosas, puros) ou qualquer outra substância diluente e aplica a mistura na parte externa do corpo, esfregando-a na pele ou banhando a área. Na difusão, você coloca o óleo num borrifador, com água, e espalha seu perfume no ar. Você pode usar também um frasco de *spray* ou difusor para as misturas que descrevo no Capítulo 4.

Sete óleos essenciais que você deve ter em casa

Há dezenas de óleos essenciais no mercado, cada qual com suas propriedades especiais. Cada um dos mencionados aqui se conecta com um dos chakras, de modo que você pode usá-los em qualquer um dos rituais de cura descritos no Capítulo 3. Você encontrará mais opções para cada chakra no Guia Rápido de Chakras e Ferramentas de Cura Energética (p. 129).

Gerânio – chakra da raiz: estabilidade e segurança, manifestação, proteção, combate à negatividade, equilíbrio de energias. Você pode usar também **canela** ou **patchouli**.

Laranja – chakra do sacro: ânimo, energização, prosperidade, desapego, ideias criativas, felicidade e alegria; ajuda a resolver problemas ligados aos órgãos sexuais. Você pode usar também **néroli** ou **tangerina**.

Limão – chakra do plexo solar: clareza, reforço da imunidade, autoconfiança, autoestima, ânimo, remoção de bloqueios; ajuda a resolver problemas dos rins, da bexiga, da vesícula biliar e do fígado. Você pode usar também **capim-limão** ou **melissa**.

Rosa otto – chakra do coração: força interior, perdão, amor, compaixão, paz interior, dor, tristeza; ajuda a resolver problemas ligados ao coração e aos pulmões. Você pode usar também **jasmim** e **baunilha**.

Camomila-romana – chakra da garganta: apego à verdade, renúncia ao julgamento e à crítica, confiança, aceitação; ajuda a resolver problemas ligados à garganta e ao sono. Se você for alérgico à erva-de-santiago, evite esse óleo. Você pode usar também **cravo** ou **louro**.

Lavanda – chakra do terceiro olho: meditação, purificação, crescimento espiritual, vício, sono, sonhos, capacidade psíquica e intuição, amor espiritual, superação do abandono. Esse é um dos melhores óleos essenciais para diversas finalidades e, portanto, você precisa dele. Não há substitutos para a lavanda.

Sândalo – chakra da coroa: espaços sagrados, purificação, conexão com o Divino, meditação; ajuda a passagem dos espíritos. O sândalo é caro, e se você quiser algo mais acessível, use **pau-rosa** e **cedro**, que têm propriedades semelhantes.

Compra de óleos essenciais

Há tantos óleos essenciais à venda que às vezes nem sabemos para onde olhar. Aqui estão alguns pontos a considerar na hora da compra:

- Procure óleos feitos com materiais orgânicos.
- Se o óleo estiver embalado em plástico, não compre, pois o plástico pode contaminar o óleo. Os melhores óleos vêm em frascos escuros.
- Não compre perfume ou fragrância. Seu aroma sintético não contém matéria vegetal.
- Evite marcas que têm o mesmo preço para todos os óleos. Os óleos essenciais variam de custo conforme o material com o qual são produzidos. Se têm o mesmo preço, sem dúvida são sintéticos ou feitos com material de qualidade inferior.
- Examine o rótulo e assegure-se de que o óleo não é diluído. Se for, conterá óleo vegetal juntamente com a matéria vegetal.
- Cuidado com as palavras "para uso em aromaterapia" ou "para uso como fragrância". Elas indicam um produto inferior; procure produtos apresentados como "para uso terapêutico".
- Você precisará também de um óleo carreador para o óleo essencial. Óleos de amêndoa, jojoba ou coco refinado são acessíveis, inodoros e seguros para o uso.
- Se você quiser misturar seus próprios óleos, precisará de um pequeno frasco, um conta-gotas e um vidro de *spray* para misturar.

Minha marca favorita de óleos essenciais é a Edens Garden, embora compre também de algumas outras reconhecidamente confiáveis. Gosto da Edens Garden porque ela oferece uma ótima combinação de qualidade, preço e variedade. Consulte a seção Recursos para outras recomendações.

Precauções com os óleos essenciais

Antes do uso, dilua sempre os óleos essenciais em um óleo carreador ou água. Embora os óleos essenciais e a água não se misturem, ela pode diluí-los com a ajuda de um emulsificante. Jamais aplique óleos essenciais diretamente sobre a pele, pois isso pode causar reações como erupções cutâneas graves ou dificuldade para respirar. Se perceber um desses sintomas, pare de usar o óleo. Se for alérgico à planta utilizada na fabricação do óleo, não o use.

Devido à natureza altamente concentrada dos óleos, você deve sempre usar luvas ao trabalhar com eles, para evitar contato direto com a pele. Se tiver bichos de estimação, converse com seu veterinário antes de difundir óleos essenciais, pois eles podem ser tóxicos para animais pequenos, especialmente gatos. Nunca use óleos essenciais internamente (não os beba nem coma), exceto por recomendação de um profissional autorizado, e ainda assim só os que estejam na categoria alimento. Evite o contato ou a aproximação dos óleos essenciais com as mucosas ou áreas sensíveis, como olhos ou nariz.

3

Rotinas Diárias de Cura Energética

Uma das maneiras mais fáceis de introduzir o poder da cura energética em sua vida é a adoção de uma rotina diária. Segundo pesquisas, é necessária uma média de 66 dias de comportamento consistente para criar, no cérebro, associações que transformam rotinas em hábitos. Este livro lhe oferece duas opções de rotinas diárias. Escolha uma com base em sua disponibilidade e execute-a todos os dias. Depois de dez semanas, você terá contraído o hábito de uma prática de cura energética.

Com base nas práticas de meditação e nas ferramentas mencionadas no Capítulo 2, as rotinas de cura energética diárias descritas a seguir levarão em conta o tempo que exigem para se completar. Uma requer 5 minutos; a outra, cerca de 15. Não importa quanto nossa vida seja atarefada, todos podemos reservar 5 minutos num dia qualquer para uma rotina de cura energética. Recomendo que você comece com a de 5 minutos para se acostumar e se conscientizar dos passos a serem dados até que a prática se torne natural. Incluí a rotina de 15 minutos, baseada nos passos principais da de 5, para aqueles que dispõem de mais tempo e experimentam a paz profunda associada a rituais de cura energética mais longos.

Você pode praticar a rotina de sua escolha juntamente com a meditação, de forma isolada ou mesmo em local de meditação. Eu gosto de meditar por cerca de 20 minutos antes de executar um ritual. Não se esqueça de que você também pode introduzir qualquer uma das outras práticas de cura energética do Capítulo 4 em seu ritual.

O melhor é tentar executar seu ritual de cura no mesmo horário todos os dias, embora eu entenda que isso nem sempre seja possível. Pratico meus rituais duas vezes por dia: de manhã e pouco antes de ir dormir. No entanto, há ocasiões em que preciso fazer algumas adaptações. Quando isso acontece, sempre procuro achar um tempo para encaixar a rotina. O importante é introduzir os rituais na vida de maneira consistente e intencional.

Antes de começar

Antes de começar seu ritual diário, você precisa fazer um trabalho rápido, básico e preparatório para se harmonizar com sua intenção. Depois, executará o ritual com essa intenção em mente.

1. Elabore uma lista dos males que gostaria de eliminar em sua vida. Faça-a o mais completa possível.
2. Agora, reduza-a a uma ou duas coisas que acha mais importantes. Esses serão os primeiros problemas que você vai resolver, mas conserve a lista dos demais. Eu mantenho a minha em um diário e, quando sinto que já posso passar para outro problema, consulto o diário para saber qual deles me parece intuitivamente o mais indicado para tratar em seguida.
3. Para cada problema, crie uma página. Como você se concentrará em um ou dois por vez, precisará de apenas uma página ou duas para isso.
4. Anote o problema, com uma só palavra, no alto de cada página – como, por exemplo, "prosperidade" ou "tireoide".
5. Embaixo, escreva dois ou três tópicos detalhando como sua vida será quando esse problema estiver resolvido. Anote-os como afirmações fáceis de lembrar. Para "prosperidade", poderá escrever: "Tenho todo o dinheiro necessário para ser feliz, saudável e bem-sucedido" ou "Dou graças pelo fato de conseguir dinheiro facilmente quando preciso dele".
6. Agora, escreva uma lista, com marcadores, das emoções que sentirá quando o problema estiver resolvido. Por exemplo, poderá se sentir alegre, aliviado, livre, satisfeito etc.

Crie uma âncora

Em cada ritual, você usará também uma técnica do sistema de modificação do comportamento conhecida como Programação Neurolinguística (PNL). A PNL foi originalmente desenvolvida por Richard Bandler e John Grinder. A técnica que você vai usar neste livro, chamada ancoragem, lhe permitirá voltar ao estado positivo obtido na meditação, ao longo do dia. Graças à ancoragem, você gera sentimentos positivos por meio da visualização em seus rituais diários, com base nas afirmações e emoções que gerou.

Para isso, depois de alcançar um estado altamente positivo ao fim de seu ritual, faça um único gesto (como pousar a mão esquerda sobre o coração ou fechar fortemente o punho) e fique assim até os pensamentos positivos começarem a se dissipar. Então, desfaça o gesto. Assim, o gesto funcionará como uma âncora ao longo do dia, para você evocar pensamentos positivos quando os negativos surgirem, e interromperá os padrões de pensamentos negativos que prejudicam a cura. Eu, por exemplo, uso como âncora o gesto de "Ok", tocando as pontas dos dedos polegar e indicador. Escolha um gesto que seja fácil de fazer, mas que você normalmente não utiliza. Desse modo, você ancorará o sentimento no gesto. Mantenha-o até os bons sentimentos começarem a se dissipar.

Ao longo do dia, preste atenção a seus pensamentos. Quando surgirem alguns relacionados ao problema que você está tentando resolver, faça o gesto para trazer de volta os sentimentos positivos criados na visualização e reafirme sua intenção de cura. Isso interrompe a energia do pensamento negativo. Por exemplo, se o problema é prosperidade e você nota que estão surgindo pensamentos e preocupações como "Não vou suportar isso" ou "Como pagarei X?", faça o gesto. Você poderá até repetir uma de suas afirmações, como "Agradeço por ser próspero". Repita sempre que surgirem pensamentos negativos.

Organização do ritual

Organizar seu ritual poderá ser algo muito simples ou complexo, conforme você queira. Tal como na meditação, é importante encontrar um lugar onde não será perturbado por animais de estimação, pessoas ou aparelhos eletrônicos. Se você tem um local para meditação, esse será também um ótimo lugar para executar seu ritual. Se não tiver muito espaço, até um quarto com a porta fechada servirá. Mas avise as outras pessoas da casa para não incomodá-lo nessas ocasiões. Como eu já disse, você poderá executar o ritual em separado, como um acessório ou um substituto da meditação. A escolha é sua. Adapte o ritual às suas necessidades e agenda pessoais.

Algumas das coisas que gosto de ter em meu espaço quando estou executando rituais de cura são as seguintes:

- Música suave, som de sussurros ou som binaural.
- Cristais.
- Cronômetro (não é necessário, mas ajuda caso seu tempo seja limitado).
- Aromas agradáveis de vela, incenso, aromaterapia ou ervas.
- Coisas utilizadas durante o ritual, como cristais, uma tigela tibetana ou óleos essenciais.

Você poderá acrescentar outras coisas de que goste. Preparar o ambiente serve como gatilho para você entrar no espaço mental a fim de executar o ritual. É uma espécie de condicionamento, de modo que, ao começar, sua mente já esteja pronta para ingressar em um espaço de positividade e cura.

Minha preparação leva menos de 5 minutos.

1. Coloco almofadas em meu espaço de meditação e acendo uma luz bem fraca. Normalmente, uso luz ambiente, como uma lâmpada de sal do Himalaia, e desligo as do teto.
2. Acendo uma varinha de madeira *palo santo* ou um incenso de *nag champa*, percorrendo com ela todo o perímetro do quarto, espalhando bem a fumaça pelos cantos. Depois, coloco o incenso num incensório ou a varinha de *palo santo* num prato, para que espalhem a fumaça. O incensório ou o prato ficam bem perto de mim, onde eu não possa derrubá-los ou

pisá-los acidentalmente. A fumaça se espalha sozinha durante meu ritual.

3. Quando não quero usar instrumentos de cura sonora durante meu ritual, utilizo um aplicativo chamado Brainwave Studio, que traz música ou sons ambientes (como cantos de pássaros ou sussurros de vento), e sons isocrônicos (parecidos com os sons binaurais, sem necessidade de fones de ouvido) a fim de criar estados de ondas cerebrais para meditação ou relaxamento. Como os aplicativos estão em meu *smartphone*, desligo o toque ou ponho o telefone no modo "Não perturbe" para não ser incomodada durante o ritual.

Após o ritual

Após o ritual, espere um momento até se estabilizar e voltar a seu eu centrado no físico. Você pode fazer isso das seguintes maneiras:

- Visualize raízes saindo da sola de seus pés e se entranhando na terra.
- Segure em sua mão receptora (não dominante), por alguns instantes, uma pedra de turmalina negra.
- Toque o chão com ambas as mãos.
- Beba um copo de água fresca.
- Coloque as mãos e os pulsos sob um jato de água fria.

RITUAL DE CURA DIÁRIA DE 5 MINUTOS

O ritual a seguir leva cerca de 5 minutos. Se quiser, coloque um cristal que corresponda à cor de cada chakra (ver a seção sobre cristais no Capítulo 2, p. 65) sobre ou perto de seus chakras.

Antes de começar, dê uma rápida olhada nas páginas onde registrou o problema ou os problemas que vai trabalhar, lembrando-se das afirmações e emoções. Deixe as páginas por perto como referência, se precisar delas durante o ritual.

1. **Respire e concentre-se.**

    Sente-se ou deite-se confortavelmente, com os olhos fechados. Respire fundo, inspirando pelo nariz e expirando pela boca, deixando que a tensão de seu corpo passe dele para a terra, que a absorverá e neutralizará. Respire três ou quatro vezes, lentamente.

    Agora, coloque as mãos sobre o coração. Sinta o calor delas enviando energia para seu centro cardíaco.

    Concentre-se no coração. Para isso, pense em alguém que ama muito ou em alguma coisa pela qual é profundamente grato. Sinta o amor crescendo em seu coração. Faça isso por 1 minuto.

2. **Visualize o amor e a energia.**

    Visualize o amor se expandindo de seu coração para o resto do corpo e pulsando em suas veias a cada batida do coração. Sinta o amor invadindo cada área de seu corpo, saindo dele e penetrando em seu campo energético. Faça isso por mais ou menos 1 minuto.

    Enquanto a energia o permeia, visualize seu chakra da raiz e repare onde ele toca a terra. Veja-o como uma roda vermelha brilhante. Você pode entoar o mantra *bija* ou a vogal curativa para esse chakra (consulte a seção sobre mantras *bija* no Capítulo 2, p. 60).

3. **Movimente a energia.**

    Movimente a energia para cima, ao longo de cada chakra, começando pelo chakra da raiz. Entoe o mantra *bija* ou a vogal curativa para cada chakra, visualizando o movimento da energia. Visualize o chakra do sacro como uma roda cor de laranja brilhante, o chakra do plexo solar como uma roda amarela brilhante, o chakra do coração como uma roda verde brilhante, o chakra da garganta como uma roda azul brilhante, o chakra do terceiro olho como uma roda violeta brilhante e o chakra da coroa como uma roda branca brilhante. O movimento da energia ao longo dos chakras deve levar cerca de 1 minuto.

4. **Afirme e visualize a cura.**

   Volte-se agora para seus problemas. Repita as afirmações para cada um deles e visualize-se como se já os tivesse resolvido, tornando essa imagem e esse sentimento o mais realistas possível. Entregue-se às emoções que planejou sentir quando o problema já estivesse solucionado. Faça isso por cerca de um minuto e meio a 2 minutos.

5. **Ancore e retorne ao corpo.**

   Agora, com todas essas maravilhosas sensações positivas percorrendo seu corpo, faça um gesto de ancoragem e mantenha-o até que elas comecem a desaparecer.

   Quando estiver pronto, desfaça o gesto e volte a seu corpo. Abra os olhos e comece seu dia.

RITUAL DE CURA DIÁRIA DE 15 MINUTOS

O ritual a seguir leva cerca de 15 minutos. Se quiser, coloque um cristal que corresponda à cor de cada chakra (ver a seção sobre cristais no Capítulo 2, p. 65) em cima ou perto de seus chakras.

Antes de começar, dê uma rápida olhada nas páginas onde registrou o problema ou os problemas que vai trabalhar, lembrando-se das afirmações e emoções. Deixe as páginas por perto como referência, se precisar delas durante o ritual.

1. **Respire e concentre-se.**

Sente-se ou deite-se confortavelmente, com os olhos fechados. Respire fundo, inspirando pelo nariz e expirando pela boca, deixando que a tensão de seu corpo passe dele para a terra, que a absorverá e neutralizará. Respire três ou quatro vezes, lentamente.

Agora, coloque as mãos sobre o coração. Sinta o calor delas enviando energia a seu centro cardíaco.

Concentre-se no coração. Para isso, pense em alguém que você ama muito ou em alguma coisa pela qual é profundamente grato. Sinta o amor crescendo em seu coração. Faça isso por 1 minuto.

2. **Visualize o amor.**

Visualize o amor se expandindo de seu coração para o resto do corpo e pulsando em suas veias a cada batida do coração. Sinta o amor invadindo cada área de seu corpo, saindo dele e penetrando em seu campo energético. Faça isso por mais ou menos 1 minuto.

3. **Visualize a energia luminosa.**

Com a mão receptora (não dominante) mantida sobre o centro cardíaco, mova a mão doadora (dominante) até o chakra da raiz.

Visualize a energia fluindo de seu coração como luz branca ou dourada, passando pela mão, braço e tronco até o chakra da raiz.

Observe a luz branca ou dourada de seu coração mesclando-se com a luz vermelha de seu chakra da raiz.

Trabalhando cerca de 1 minuto por chakra, mova a mão doadora para cada chakra, visualizando a suave luz branca movendo-se do chakra do coração para cada um dos outros e mesclando-se com sua luz colorida. (Ver p. 66 para a descrição das cores da luz associadas a cada chakra.) Trabalhe do chakra da raiz ao chakra da coroa. Ao enviar a luz a cada chakra, entoe mantras *bija* ou os sons vocálicos curativos associados a cada chakra (ver a seção sobre mantras *bija* no Capítulo 2, p. 60).

4. Concentre-se nos problemas.

Traga à mente um dos problemas, ou os dois, que está trabalhando. Encare um de cada vez, concentre-se totalmente neles e procure descobrir onde os sente em seu corpo. Veja-os como sombras no corpo, manchas escuras que estão bloqueando a luz e a energia.

5. Visualize a cura luminosa.

Observe as sombras e coloque a mão doadora (dominante) sobre elas, com a receptora (não dominante) ainda sobre o centro cardíaco. Visualize a luz branca ou dourada fluindo do coração para a mão receptora, o braço e o corpo, chegando à mão doadora e daí para a sombra.

Visualize essa luz rodeando primeiro a sombra e depois permeando-a para fragmentá-la em pedacinhos e absorvê-los.

Visualize a mescla de luz e sombras saindo de seu corpo e entrando na terra, que a absorve e neutraliza.

Agora, visualize o espaço antes sombrio tomado pela luz dourada ou branca.

Por 5 minutos (ou mais, se preciso), envie a luz dourada ou branca para cada problema ou sombra, vendo-os desaparecer na terra, cuja energia os neutraliza.

6. Concentre-se, ancore e volte ao corpo.

De novo no centro cardíaco, sinta outra vez a luz que dele emana e flui por seu corpo até você se sentir tranquilo, relaxado, positivo e livre.

Agora, com todas essas sensações positivas percorrendo seu corpo, faça um gesto de ancoragem e mantenha-o até que elas comecem a desaparecer.

Quando estiver pronto, desfaça o gesto e volte a seu corpo. Abra os olhos e comece seu dia.

4

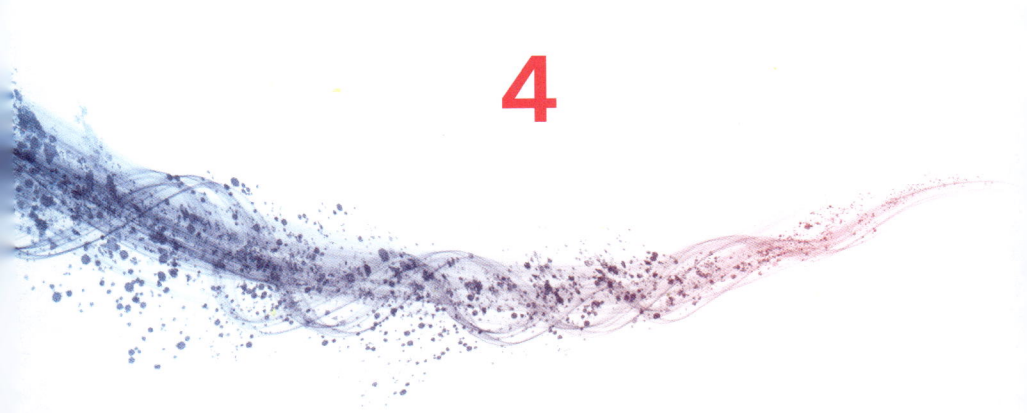

Problemas de Saúde e Trabalho Energético

Para a cura energética de uma condição específica, você poderá recorrer a um dos remédios citados neste capítulo ou usá-lo juntamente com sua rotina diária para uma cura geral. O que importa é estabelecer uma prática diária com intenção de cura e foco no reequilíbrio do sistema energético graças ao uso de diversas ferramentas e técnicas terapêuticas. Consistência e intenção são muito mais importantes que as atividades executadas, embora as práticas para condições específicas que se seguem proporcionem um método para concentrar a intenção durante a jornada de cura.

Entre na cura

O Capítulo 3 oferece uma sequência de modalidades de cura energética para reequilibrar sua energia. Mas você não precisa adotar essa sequência. Selecione um ou mais remédios sugeridos por sua orientação divina. Não existe certo ou errado quando se trata de incorporar remédios para você se cuidar.

A intenção de curar é tudo de que precisa quando você trabalha com esses remédios. Digo isso sempre e vou dizer de novo: a intenção é tudo. Sem ela, nenhuma ferramenta de cura será eficaz; portanto, para cada remédio que você tentar, mantenha seu foco na intenção. Embora as Rotinas Diárias de Cura Energética do Capítulo 3 se destinem a ajudá-lo a estabelecer e manter o foco na intenção, os remédios deste capítulo são para corrigir desequilíbrios energéticos frequentemente responsáveis por condições específicas.

Um modo de enfatizar sua intenção, enquanto usa essas ferramentas, é dizê-la em voz alta ou mentalmente, como afirmação antes de começar, e depois fazer o gesto de ancoragem que criou em sua rotina diária para entrar em um estado de intenção positivo e concentrado. Em seguida, permita que sua percepção e a orientação divina o conduzam ao ritual de que precisa agora. Se descobrir outra maneira de concentrar a intenção, use-a. Não há forma certa de se concentrar – apenas opções.

Alegria e atitude positiva

TÉCNICAS: AFIRMAÇÕES, AROMATERAPIA, MEDITAÇÃO

Cultivar a alegria e outros sentimentos positivos é fundamental para a cura energética. Quanto mais emoções positivas, como a alegria, você puder criar em sua vida, mais facilmente entrará no espaço em que a cura é possível.

Mudra do sorriso interior (mudra *hansi*)

O mudra do sorriso interior, ou riso, hansi, *evoca alegria e atitude positiva.*

Encoste a ponta do polegar na ponta do dedo médio a fim de formar um círculo; em seguida, junte também o indicador e o anular ao círculo, aproximando-os do médio, como na figura ao lado. Estenda o dedo mínimo com a palma voltada para cima.

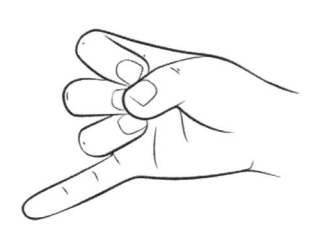

Sente-se e mantenha o mudra *hansi* com ambas as mãos pousadas no colo, palmas voltadas para cima. Por um período de 5 a 10 minutos, repita a afirmação: "Estou repleto de alegria e riso".

Mistura para massagem da alegria

Os óleos essenciais de limão e de laranja levantam o ânimo, constituindo uma excelente mistura para massagem quando você quiser ficar mais alegre. Essa mistura rende 30 ml.

- 30 ml de óleo carreador, como o de amêndoa doce
- 10 gotas de óleo essencial de limão
- 5 gotas de óleo essencial de laranja

Coloque todos os ingredientes num conta-gotas de vidro escuro e agite para misturar bem. Pingue ¼ de colher de chá sobre o chakra do plexo solar e massageie.

Meditação do riso

Participo de um grupo chamado Nia. No Nia, temos uma prática que envolve sentar e simular o riso de 30 a 60 segundos. Sempre que faço isso, observo que o riso simulado logo se transforma em riso real e me sinto alegre de verdade. Esse exercício pode parecer um tanto constrangedor a princípio, mas por fim a simulação se torna alegria real.

Em um lugar onde não será perturbado, sente-se confortavelmente no chão. Respire fundo e comece a rir, simulando o riso a princípio. Continue a rir de 30 a 60 segundos. Observe que depois estará rindo de verdade.

Amor e relacionamentos
TÉCNICAS: AFIRMAÇÕES, AROMATERAPIA, VISUALIZAÇÃO

É natural você querer amor e companheirismo em sua vida. Amar e ser amado gera emoções e experiências emocionais duradouras, ao passo que a falta de amor leva ao desequilíbrio e à dis-função.

Visualização do ímã do amor

Sente-se ou deite-se confortavelmente, de olhos fechados. Visualize seu coração emitindo uma profunda luz verde que envolve seu corpo. Agora, visualize essa luz verde como um ímã que atrai todos os tipos de amor para você. Faça isso de 5 a 10 minutos.

Mistura do amor com rosa otto e sândalo

Intimamente associados a seu chakra do coração, os óleos essenciais de rosa otto e sândalo têm uma vibração que atrai e sustenta o amor. Essa mistura rende 30 ml.

- 30 ml de óleo carreador, como o de amêndoa doce
- 6 gotas de óleo essencial de rosa otto
- 6 gotas de óleo essencial de sândalo

Coloque todos os ingredientes num conta-gotas de vidro escuro e agite para misturar bem. Pingue ¼ de colher de chá sobre o chakra do coração e massageie-o.

Afirmação de amor

1. Em um pedaço de papel, registre todas as qualidades que deseja em um relacionamento amoroso e como deverá ser esse relacionamento.
2. Insira as qualidades e os sentimentos que identificou em cinco afirmações, escritas como declarações positivas ou de gratidão por um relacionamento amoroso. Por exemplo: "Sou grato por ter em minha vida um parceiro perfeito, que me traz alegria" ou "Minha vida está repleta de amor, riso e amigos".
3. Repita sua afirmação cinco vezes todas as manhãs, logo ao despertar, e todas as noites, antes de dormir. Continue com esse processo enquanto achar necessário.

Amor-próprio

TÉCNICAS: AFIRMAÇÕES, CRISTAIS, MEDITAÇÃO, VISUALIZAÇÃO

Todo amor e toda cura começam pelo amor-próprio. Ironicamente, muitas vezes achamos mais fácil amar os outros do que a nós mesmos. Cultivar o amor-próprio significa aceitar todos os aspectos de nosso ser, até aqueles que gostaríamos de eliminar. O trabalho energético pode ajudar você a encontrar a autoaceitação em tudo que lhe diz respeito, mesmo naquilo que gostaria de manter oculto.

Elixir para o coração e o plexo solar

O quartzo rosa e a cornalina, bem como os óleos essenciais de rosa otto, laranja e sândalo, podem aumentar a vibração do amor-próprio. Tenha em mente que os cristais de quartzo não são tóxicos desde que estejam limpos; mas, como regra geral, ao fazer elixires não *coloque os cristais na água nem deixe que esta entre em contato com eles, pois alguns liberam elementos tóxicos no líquido.*

1. Coloque um quartzo rosa e uma cornalina recém-limpos numa vasilha pequena, limpa e fechada.
2. Despeje 1 xícara de água numa bacia e coloque nela a vasilha fechada. Deixe descansar por 48 horas.
3. Remova a vasilha. Despeje a água num recipiente e acrescente 20 gotas de óleo essencial de rosa otto, 20 gotas de óleo essencial de laranja e 5 gotas de óleo essencial de sândalo.

> Meditação ou banho: transfira o conteúdo do recipiente para um frasco de *spray* e use-o para borrifar o espaço de meditação antes de começar a meditar ou coloque 2 colheres de sopa na água do banho.

Meditação do mudra *vajrapradama*

O mudra vajrapradama, *também conhecido como raio, é um mudra do amor-próprio profundo.*

Entrelace os dedos como mostrado na figura, fazendo um V com ambas as mãos, polegares para cima. Pouse as mãos sobre o coração.

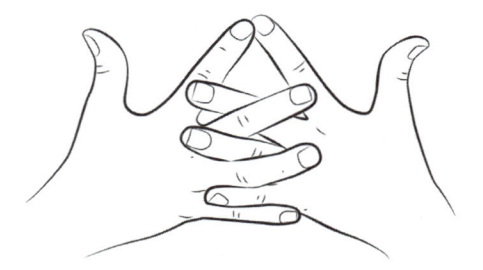

Usando a imagem de um raio como referência, sempre com as mãos sobre o coração, concentre-se no chakra do coração e repita a afirmação: "Eu me amo profunda e totalmente". Faça isso de 5 a 10 minutos.

Visualização da integração da sombra
É importante integrar as partes de nós mesmos que queremos rejeitar. Essa meditação simples ajudará você a reintegrar suas sombras a seu eu consciente.

1. Sente-se ou deite-se confortavelmente num lugar onde não será perturbado. Permaneça assim de 5 a 10 minutos.
2. Concentre-se por um momento nas coisas de que não gosta em si mesmo. Veja-as como sombras que se formam em seu corpo.
3. Agora visualize o amor que emana de seu chakra do coração como uma luz verde irradiando-se de seu centro e penetrando, cercando e atravessando as sombras até dissolvê-las. Veja os fragmentos das sombras se misturando com a luz verde que volta para o coração, onde se transforma em amor.

Ansiedade e preocupação

TÉCNICAS: AROMATERAPIA, CRISTAIS, CURA PELO SOM, *TAPPING*, VISUALIZAÇÃO

Meu pai costumava dizer que 95% das coisas que nos preocupavam no ano anterior não aconteceram. Ele estava certo. A preocupação nunca é produtiva. Ela esgota a energia vital com ideias persistentes que nos deixam num estado perpétuo de luta ou fuga, provocando desequilíbrios que podem levar à dis-função.

Banho de lavanda e ametista
A lavanda e a ametista suavizam e acalmam.

- ¼ de xícara de sal de Epsom (opcional)

- 10 gotas de óleo essencial de lavanda
- 1 ou 2 pedras de ametista limpas

1. Encha a banheira colocando o sal de Epsom (se usado) e o óleo essencial sob a água corrente.
2. Coloque a ametista na banheira, longe de onde você vai se sentar.
3. Relaxe no banho por cerca de 10 minutos, respirando fundo o aroma. Se surgirem preocupações, esqueça-as e volte a atenção para a lavanda e a ametista.

Cura pelo som do chakra da raiz
A ansiedade surge do medo da insegurança, que são problemas associados ao chakra da raiz.

1. Deite-se confortavelmente num lugar onde não será perturbado.
2. Com fones de ouvido ligados, ouça a frequência de Solfeggio de 396 Hz por cerca de 10 minutos.
3. Enquanto ouve, visualize a energia curativa branca fluindo pelo centro de energia vermelha de seu chakra da raiz.

Tapping **para ansiedade**
Use a sequência de tapping *das pp. 56-7. Enquanto faz isso, repita o seguinte:*

Lado da mão: "Ainda que esteja preocupado com (preencha a lacuna), eu me aceito completamente e me amo profundamente".

Pontos restantes: "Estou num estado de paz e aceitação completas, e acredito que o universo conspire a meu favor".

Apegos e entrega

TÉCNICAS: AROMATERAPIA, CRISTAIS, MEDITAÇÃO, VISUALIZAÇÃO

Nós, muitas vezes, nos apegamos a coisas que não se prestam ao nosso bem maior. Por exemplo, podemos nos apegar a objetos que já não nos servem ou a resultados que julgamos almejar, mas que não são bons para nós. Quando você reconhecer o apego a algo que não se presta a seu bem maior, use as técnicas de cura energética para se livrar dele.

Meditação com mantra e visualização

1. Escolha um lugar onde não será perturbado, como seu espaço de meditação.
2. Medite por 10 minutos, repetindo o mantra: "Eu me livro de (preencha a lacuna)".
3. Enquanto repete o mantra, visualize aquilo de que deseja se livrar fluindo de seu corpo para a terra.

Elixir de quartzo rosa com óleo essencial de rosa otto

O quartzo rosa permite que você se descontraia com amor, sendo, portanto, ótimo para problemas como ressentimento ou raiva. A rosa otto possui vibração similar e ajuda também no amor e no perdão. Tenha em mente que os cristais de quartzo não são tóxicos desde que estejam limpos; mas, como regra geral, ao fazer elixires, não coloque os cristais na água nem deixe que a água entre em contato com eles, pois alguns podem liberar elementos tóxicos no líquido.

1. Coloque uma pedra de quartzo rosa limpa numa vasilha pequena, limpa e fechada.
2. Despeje 1 xícara de água numa bacia e coloque dentro a vasilha fechada. Deixe descansar por uma noite.

3. Tire a vasilha da bacia. Despeje a água da bacia numa garrafa e acrescente 10 gotas de óleo essencial de rosa otto e ½ colher de chá de sal rosa do Himalaia.

4. Toda noite, antes de ir para a cama, visualize aquilo de que quer se livrar. Então, agite bem a garrafa, umedeça as mãos com algumas gotas do elixir e passe-as suavemente pelo rosto, dizendo: "Eu me livro de (preencha a lacuna)".

Meditação do mudra ksepana

O mudra ksepana é uma posição simples em que se usam ambas as mãos para facilitar a eliminação de apegos inúteis.

1. Cruze as mãos (como indicado ao lado) no nível de seu chakra do coração.

2. Inspire e gire os pulsos de modo que os indicadores apontem para longe de você e na direção do chão. Expire e erga os braços acima da cabeça, estendendo-os completamente e apontando os indicadores para o teto.

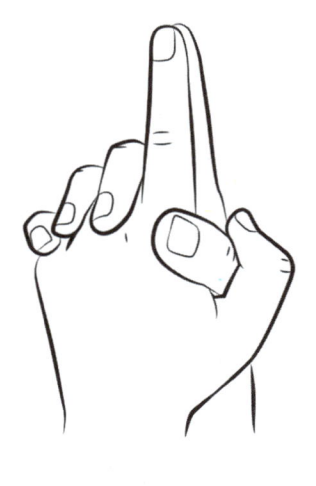

3. Inspire e abaixe as mãos pela frente de seu terceiro olho, com as pontas dos dedos voltadas para cima. Expire e recoloque as mãos, ainda conservando o mudra, no nível de seu chakra do coração.

4. Repita por oito ciclos.

Compaixão

TÉCNICAS: AROMATERAPIA, CRISTAIS, MEDITAÇÃO, CURA PELO SOM, VISUALIZAÇÃO

A compaixão se origina no chakra do coração. Por isso, trabalhar com remédios para esse chakra pode ajudá-lo a sentir compaixão por si mesmo e pelos outros.

Quartzo rosa e óleo de rosa otto

O quartzo rosa e o óleo de rosa otto possuem vibração similar: a da compaixão e do amor. Juntos, criam um poderoso remédio para ajudar você a sentir profunda compaixão por si mesmo e pelos outros. Essa mistura rende 30 ml.

- Lascas de quartzo rosa recém-limpas
- 30 ml de óleo carreador
- 20 gotas de óleo essencial de rosa otto

Coloque algumas lascas de quartzo rosa no fundo de um conta-gotas limpo. Acrescente o óleo carreador e o óleo essencial. Misture bem. Massageie, com ¼ de colher de chá, o chakra do coração no sentido horário, três vezes ao dia.

Mudra *shuni* para compaixão

Vá para um lugar onde não possa ser perturbado e coloque-se numa posição confortável. Forme com ambas as mãos o mudra *shuni*, um mudra para paciência, tocando a ponta do polegar na ponta do dedo médio de cada mão a fim de formar um círculo e pouse-as no colo com as palmas para cima.

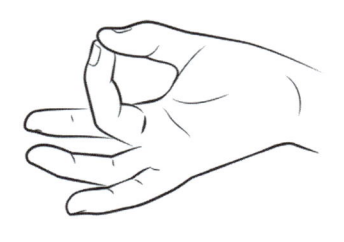

Conservando a posição, concentre-se no chakra do coração e repita "Compaixão" por 5 minutos.

Frequência de Solfeggio para o chakra do coração
Deite-se de costas confortavelmente, num lugar onde não será perturbado, com os fones de ouvido ligados, e ouça por cerca de 10 minutos a frequência de Solfeggio de 639 Hz. Enquanto isso, visualize seu chakra do coração se abrindo e emitindo amor e compaixão para o universo.

Confiança

TÉCNICAS: AFIRMAÇÕES, CRISTAIS, MEDITAÇÃO, *TAPPING*

Problemas de confiança se originam no chakra da raiz, ao passo que a confiabilidade vem do chakra da garganta, associado à tendência a dizer a verdade. Você deve comparar a capacidade de confiar nos outros com sua própria confiabilidade a fim de criar harmonia e equilíbrio.

Meditação com turmalina negra e celestita
A meditação com mantra e cristais conecta seu chakra da raiz (segurança) com seu chakra da garganta (confiança e verdade), ensinando-o a confiar.

1. Procure um lugar que seja confortável e silencioso, onde não será incomodado.
2. Deite-se de costas com uma pedra de turmalina negra limpa sobre seu chakra da raiz e uma de celestita sobre seu chakra da garganta.
3. Visualize a energia fluindo de seu chakra da raiz até seu chakra da garganta e voltando, enquanto repete a afirmação: "Confio no universo e sou, em contrapartida, confiável". Faça isso por cerca de 5 minutos.

Tapping para confiança

Use a sequência de tapping *das pp. 56-7 se tem problemas de confiança com determinada pessoa. Enquanto isso, repita o seguinte:*

Lado da mão: "Embora eu não confie em (a pessoa) (ou a pessoa não confie em mim), eu me aceito e me amo completa e profundamente".

Pontos restantes: "Esforço-me para, com segurança, confiar em (a pessoa). Mesmo que (a pessoa) não seja confiável, estou seguro".

Afirmação de confiança universal

Repita as seguintes afirmações cinco vezes todas as manhãs e cinco vezes antes de ir para a cama. Quanto mais você trabalhar e repetir as afirmações diariamente, mais elas se tornarão realidade.

"Confio em que o universo me manda aquilo de que preciso para meu bem maior."

"Confio em que meus pensamentos, palavras e ações sempre se prestam a meu bem maior."

"Confio em que os outros dão o melhor de si para seu próprio bem, com as ferramentas de que dispõem."

Crescimento espiritual

TÉCNICAS: AROMATERAPIA, CRISTAIS, MEDITAÇÃO

O objetivo de nossa existência como almas encarnadas consiste em evoluir espiritualmente enquanto residimos num corpo humano. Essa missão prossegue depois que já não estamos encarnados e só existimos sob a forma de espíritos. Por isso, o crescimento espiritual é mais importante para o nosso ser do que o ar para o nosso corpo.

Meditação do mudra *anjali*

Também conhecido como mãos em oração ou postura de oração, o mudra anjali é usado em posturas de yoga como a da árvore ou a saudação ao sol. Você não precisa ser um yogue para praticar o anjali. Apenas se sente confortavelmente, com as mãos na postura de oração.

1. Comece com as mãos na frente de seu chakra do coração, respirando fundo. Ao expirar, diga ou pense: "Espírito, entre em meu coração".
2. Erga as mãos até o nível do terceiro olho. Inspire e expire. Ao expirar, repita: "Espírito, flua por minha mente".
3. Erga as mãos, ainda em mudra *anjali*, acima da cabeça. Inspire e expire. Ao expirar, repita: "Espírito, flua de cima e à minha volta para me inundar com a energia do Divino".
4. Repita sete vezes.

Mistura para massagem com sândalo e lavanda

Essa mistura pode ajudá-lo a ver com clareza aquilo de que precisa para evoluir espiritualmente. Essa mistura rende 15 ml.

- 1 colher de sopa de óleo carreador, como o de amêndoa doce
- 2 gotas de óleo essencial de sândalo
- 2 gotas de óleo essencial de lavanda

1. Coloque todos os ingredientes num conta-gotas de vidro escuro e agite para misturar bem.
2. Pingue 2 ou 3 gotas da mistura na ponta dos dedos. Sente-se confortavelmente, com os olhos fechados.

3. Massageie com a ponta dos dedos o chakra do terceiro olho, descrevendo círculos no sentido horário, dizendo: "Espírito, mostre-me aquilo de que preciso para evoluir". Repita nove vezes.

Meditação do sonho
Essa meditação é uma maneira poderosa de ter sonhos significativos.

Coloque uma pedra limpa de ametista, que incentiva os sonhos, na mesinha de cabeceira, no chão embaixo da cabeceira da cama ou entre o travesseiro e o colchão. Antes de adormecer, diga: "Espírito, ensine-me o que preciso aprender em meus sonhos".

Assim que você acordar, anote o que você se lembra de seus sonhos em um diário e veja o que você pode obter deles usando um dicionário de sonhos para interpretar os símbolos.

Distúrbios autoimunes

TÉCNICAS: AFIRMAÇÕES, CRISTAIS, VISUALIZAÇÃO

Cerca de 23 milhões de americanos sofrem de um dos 80 a 100 diferentes tipos de doenças autoimunes. Na cura energética de doenças autoimunes, você precisará se concentrar em três coisas: os chakras da raiz e da coroa e o chakra mais próximo de onde a condição o afeta. Por exemplo, eu tenho tireoidite de Hashimoto, relacionada a meu chakra da garganta. A pessoa com diabetes tipo 1 se concentrará na região do plexo solar; e quem tem uma condição sistêmica (como dermatite, artrite reumatoide ou lúpus) se concentrará nos chakras da coroa e do terceiro olho.

Afirmação para fortalecer o sistema imunológico

Durante sua meditação diária, repita essa afirmação simples por 5 minutos: "Minha saúde é exuberante e sou feliz. Meu sistema imunológico funciona perfeitamente".

Turmalina, quartzo e elixir de cristal para o chakra

Para esse elixir, use uma pedra de turmalina negra recentemente limpa, quartzo transparente e o cristal para o chakra mais ligado a seu sintoma predominante. Por exemplo, se você tiver a doença de Graves, um distúrbio de tireoide, usará uma pedra azul como a celestita. Ao preparar elixires, procure não *colocar os cristais na água nem deixe que esta entre em contato com eles, pois alguns liberam elementos tóxicos no líquido.*

1. Coloque os cristais limpos numa vasilha pequena, limpa e fechada.
2. Despeje 1 xícara de água numa bacia e coloque a vasilha fechada dentro. Deixe descansar por 24 horas.
3. Tire a vasilha da bacia. Despeje a água da bacia numa garrafa.

> Banho: coloque 2 colheres de sopa na água do banho juntamente com ¼ de xícara de sal de Epsom e 10 gotas de óleo essencial de lavanda. Fique no banho de 10 a 15 minutos por dia.

> Autocuidado: coloque 5 gotas do elixir em seus produtos de beleza, como loção ou xampu.

Limpeza de chakra para equilíbrio imunológico

Junte os sete cristais ou seus substitutos recomendados no Capítulo 2, pp. 66-8, e vá para um lugar tranquilo, onde não possa ser incomodado. Uma vez ali, faça o seguinte:

1. Deite-se confortavelmente. Na área de cada chakra, coloque da seguinte maneira os cristais que você acabou de limpar:

TURMALINA NEGRA — CHAKRA DA RAIZ

CORNALINA — CHAKRA DO SACRO

CITRINO — CHAKRA DO PLEXO SOLAR

QUARTZO ROSA — CHAKRA DO CORAÇÃO

CELESTITA — CHAKRA DA GARGANTA

AMETISTA — CHAKRA DO TERCEIRO OLHO

QUARTZO TRANSPARENTE — CHAKRA DA COROA

2. Respire fundo, inspirando pelo nariz e expirando pela boca.

3. Visualize a energia passando do quartzo transparente para seu chakra da coroa. Em seguida, visualize a energia transitando de cristal a cristal através de cada um de seus chakras, sentindo a energia dos cristais equilibrando cada chakra à sua passagem.

4. Chegando ao chakra da raiz, visualize a energia subindo e descendo pelos chakras, de cristal a cristal, num movimento livre. Enquanto isso, repita o mantra: "Meu sistema imunológico é saudável, equilibrado e forte". Quando estiver pronto, abra os olhos.

Meditação "Eu sou a luz"

Essa meditação, que leva cerca de 15 minutos, destina-se a ajudar a conduzir energia e luz para cada área de seu corpo, o que pode ser muito eficaz no caso de doenças autoimunes. Você pode usar a transcrição abaixo ou ouvi-la, em inglês, em meu website. *(Ver a seção Recursos, p. 141).*

1. Sente-se ou deite-se confortavelmente. Feche os olhos e respire fundo, inspirando pelo nariz e expirando pela boca.

2. Enquanto se concentra na respiração, observe que o ar que respira é luz. Visualize que está respirando profundamente luz dourada ou branca, que entra pelo nariz e sai pela boca.

3. Enquanto respira a luz, visualize-a entrando pelas vias aéreas até os pulmões e enchendo todo o seu peito.
4. Agora, transfira o foco para o chakra da coroa, logo acima de sua cabeça. Sinta-o abrir-se para receber luz branca, que desce daí para o terceiro olho e enche toda a sua cabeça. Se você abrir os olhos e a boca nesse momento, a luz escapará e preencherá o espaço todo à sua volta. Visualize-se contemplando e ouvindo o mundo por intermédio de seus novos olhos e ouvidos de luz, e note como tudo que vê e ouve é luz sob a forma das imagens, cores, figuras e sons que você reconhece no dia a dia.
5. Abra a boca e veja um fluxo de luz escapando dela. Saiba que, quando fala, suas palavras saem impregnadas de luz, pois são luz. Tudo o que você coloca na boca – tudo o que bebe, mastiga e engole – é luz que nutre e preenche todo o seu corpo.
6. À medida que a luz preenche sua cabeça e flui daí em todas as direções, observe que agora ela desce para a garganta e passa com facilidade através de seu chakra da garganta. Ela preenche suas cordas vocais e conduz sua voz quando você fala, canta ou suspira.
7. A luz continua descendo, dirigindo-se para os ombros, braços, cotovelos e antebraços, passando daí para as mãos e os dedos. A luz flui de suas mãos e dedos. A cada movimento que você faz com as extremidades superiores, emite luz de maneira sutil e fácil, enchendo o espaço à sua volta. Quando levanta as mãos e toca objetos, não está apenas emitindo luz – tudo o que você toca, sente, aperta ou acaricia é luz também.
8. Volte a atenção para os ombros e observe o fluxo de luz descendo daí para o peito e as costas. A luz passa para o coração e enche-o. E o coração, pulsando, empurra a luz para cada veia de seu corpo. Agora, a luz está circulando por suas veias.

9. Sinta a luz descendo de sua cabeça, passando facilmente pelo chakra do coração, preenchendo o tórax, atravessando o chakra do plexo solar e entrando no abdome, cuja cavidade preenche inteira. Ela se move, desimpedida, através do chakra do plexo solar e do chakra do sacro, preenchendo todo o torso e expandindo-se para o chakra da raiz.

10. Sinta a luz se movendo em direção às nádegas, quadris e coxas, para em seguida descer facilmente para os joelhos, pernas, tornozelos, pés e dedos. Ela flui das solas dos pés para a terra e dos dedos para o universo. Agora, cada célula de seu corpo é luz; ele dá e recebe luz.

11. Preste atenção a seu ambiente: os sons, os cheiros, a sensação que lhe proporciona o objeto onde está sentado ou deitado. Note que tudo isso também é luz. Quando você se move, é luz atravessando luz, respirando luz, tocando luz, sendo luz.

12. Quando estiver pronto, atente de novo para a respiração. Observe que, quando inspira e expira, a luz flui livremente para você, de você e através de você. Por fim, abra os olhos e caminhe pelo mundo como luz.

Dor aguda

TÉCNICAS: CRISTAIS, TOQUE SIMPLES, VISUALIZAÇÃO

A dor aguda costuma durar menos de seis meses, mas serve como advertência para você saber que algo está fora de equilíbrio. Surge a partir de danos recentes ou desarmonia. Embora muita gente acredite que a dor é apenas uma sensação física, ela pode também ser etérica. Por isso, você pode usar esses remédios para dores fortes de origem espiritual, emocional ou mental e não só física.

Absorção da dor por meio da turmalina negra
Em um local onde não será perturbado, coloque uma turmalina negra limpa sobre a área dolorida. Permaneça imóvel por 10 minutos. Visualize o cristal retirando a energia da dor. Faça isso durante cerca de 10 minutos por hora até a dor diminuir ou desaparecer.

Técnica do raio laser
Aperte as pontas de seus dedos polegar, indicador e médio da mão doadora (dominante) a fim de criar um raio de energia direcionado. Em seguida, aplique esse raio sobre a área dolorida, alguns centímetros acima, caso a dor seja muito sensível ao toque ou intensa, ou na própria área, se o toque não contribuir para agravar a dor. Repita de hora em hora até a dor desaparecer ou caso ela reapareça.

Mão receptora
Mantenha sua mão receptora (não dominante) acima ou diretamente sobre a área dolorida. Durante 1 ou 2 minutos, visualize a dor passando para sua mão. Para descarregar a dor, toque a terra, que a absorverá.

Mão doadora com quartzo transparente
Sobre a área dolorida, coloque uma pedra de quartzo transparente que você acabou de limpar, cobrindo-a levemente com a mão doadora (dominante). Por 1 ou 2 minutos, visualize a energia curativa fluindo de sua mão, através do quartzo, até a dor. Visualize a dor se diluindo pela ação da energia.

Visualização
Sente-se ou deite-se confortavelmente num lugar onde não será perturbado. Por 2 ou 3 minutos, visualize sua dor sob a forma

de calor. Agora visualize a energia fria e azul fluindo para a dor. Visualize a dor se diluindo pela ação da energia e dissipando-se através de sua pele para o universo. Repita de hora em hora até a dor desaparecer ou caso ela reapareça.

Dor crônica
TÉCNICAS: AROMATERAPIA, CRISTAIS, MEDITAÇÃO, TOQUE SIMPLES, CURA PELO SOM, VISUALIZAÇÃO

Diversas condições, como distúrbios autoimunes e lesões antigas, podem fazer você sentir dores brandas, moderadas ou agudas que duram dias ou semanas até se tornarem crônicas. A dor crônica é muitas vezes a causa de estresse contínuo, pois é extremamente difícil acordar e passar o dia inteiro sofrendo. As técnicas de cura energética podem ajudar você a controlar essa dor.

Meditação com pontas de ametista

A ametista é uma cura muito conhecida para a dor. Usar uma ametista com duas pontas ajuda a direcionar a energia curativa. Você precisará de pelo menos duas ametistas recém-limpas para fazer isso; mais é melhor.

Coloque a ametista sobre a área dolorida, com a ponta mais fina na direção da dor e a mais larga para fora, a fim de captar a energia do universo. Áreas maiores exigem pontas mais largas. Deite-se de costas e feche os olhos por 5 minutos. Visualize a energia fluindo da ponta para a dor e dissolvendo-a.

Mistura de aromaterapia para dor crônica

Sabe-se que alguns óleos essenciais ajudam a aliviar as dores crônicas e agudas. O óleo de rosa-mosqueta e o de erva-de-são-joão são ótimos para aliviar dores e inflamações, ao passo que os de sândalo e lavanda amenizam e eliminam o calor. Essa mistura rende 30 ml.

NOTA: O óleo de erva-de-são-joão não é um óleo essencial, mas funciona bem para dores nos nervos. Se você está às voltas com problemas como ciática ou neuropatia, tente usá-lo. Eu costumo comprá-lo pela internet, pois não o encontro em minha cidade.

- 1 colher de sopa de óleo essencial de rosa-mosqueta
- 1 colher de sopa de óleo de erva-de-são-joão (opção: veja nota acima)
- 5 gotas de óleo essencial de sândalo
- 4 gotas de óleo essencial de lavanda

Misture os ingredientes num conta-gotas de vidro escuro e agite para misturar bem.

> Banho: acrescente 20 gotas à água quente com sal de Epsom e fique no banho por 15 minutos.

> Massagem: esfregue ¼ de colher de chá na área dolorida, como na barriga para cólicas menstruais ou síndrome do intestino irritável, e nas têmporas para enxaqueca.

Frasco de rolo com ametista

Coloque algumas lascas de ametista limpas dentro de um frasco de rolo de aromaterapia. Encha o frasco com a Mistura de Aromaterapia para Dor Crônica (p. 108). Deixe em infusão por uma noite. Aplique sobre a área dolorida quanto for necessário. (Se quiser, você pode comprar um frasco de rolo de ametista em lugar das lascas.)

Joias de âmbar báltico

O âmbar báltico é uma resina fossilizada de árvore, não sendo, pois, tecnicamente um cristal; mas tem propriedades anti-inflamatórias, entre outras, que ajudam a aliviar a dor.

Use joias de âmbar báltico no local mais próximo da dor. Por exemplo, no caso da síndrome do túnel do carpo, use uma pulseira ou anel. No caso de dores de cabeça, um colar ou brincos. No caso de dores na parte inferior do corpo, leve uma peça de âmbar báltico no bolso da calça ou use uma tornozeleira.

Sons binaurais

Eu tinha enxaqueca crônica pelo menos 15 dias por mês, o que perturbava demais minha vida. Então, descobri o poder da cura pelo som. Usava os sons binaurais especificamente para a dor de cabeça e eles funcionavam melhor que a maioria dos remédios. São bons para todos os tipos de dor. No iOS, veja o aplicativo Pain Killer 2.0; no Android, o aplicativo Pain Relief 2.0.

1. Escolha um lugar escuro e tranquilo, onde possa ficar confortável, sem ser e não será perturbado. O ideal é deitar-se, mas sentar-se num recinto silencioso também funciona. Pode também, se isso for confortável, pousar a cabeça numa escrivaninha ou mesa.
2. Coloque os fones de ouvido e feche os olhos. Relaxe e ouça o programa de 5 a 10 minutos ou até perceber que a dor desapareceu.

Meditação para equilíbrio da dor

A dor crônica é um aviso que seu corpo lhe dá sobre sua condição física, mental, emocional ou espiritual. Se você o ignorar, o aviso será inútil. Essa meditação lhe permite ouvir sua dor e descobrir o que ela está tentando lhe dizer. Você pode usá-la juntamente com qualquer técnica de alívio da dor. Essa meditação exige um gesto de ancoragem no final (ver seção Crie uma Âncora, no Capítulo 3, p. 78), então crie um gesto que você ainda não usa. A meditação leva de 5 a 10 minutos.

1. Sente-se ou deite-se em silêncio, num lugar onde não será perturbado. Coloque as mãos perto da área dolorida, caso possa fazer isso confortavelmente.
2. Feche os olhos e respire fundo, inspirando pelo nariz e expirando pela boca. Faça isso até se sentir relaxado.
3. Agora, concentre-se na dor. Sinta-a no corpo, plenamente.
4. Sinta o calor de suas mãos fluindo para dentro da dor e dissolvendo-a.
5. Em seguida, perceba o espaço em volta da dor. Você pode dizer onde a dor começa e termina? Detecte quanto espaço existe não apenas em volta da dor, mas também entre os pontos onde você a sente.
6. Mude o foco da percepção da dor para a do espaço em volta dela, onde ela não existe. Faça isso por alguns minutos, até notar que você está se desligando da dor.
7. No olho de sua mente, enquanto se concentra na dor, diga: "Explique-me o que preciso saber". Fique alguns minutos se concentrando na dor e examine os pensamentos ou as sensações que surgem nesse meio-tempo.
8. Quando um pensamento ou sensação surgir, pense: "Obrigado" e diga "Eu o elimino". Visualize o pensamento ou a sensação se dissipando no espaço à sua volta, juntamente com a dor.
9. Quando a dor diminuir ou se dissipar, faça o gesto de ancoragem e mantenha-o por 1 ou 2 minutos.
10. Quando estiver pronto, abra os olhos.
11. Se a dor reaparecer durante o dia, faça de novo o gesto de ancoragem.

Equilíbrio energético

TÉCNICAS: CRISTAIS, MEDITAÇÃO, CURA PELO SOM, VISUALIZAÇÃO

Equilibrar a energia pressupõe equilibrar as energias polares para criar equilíbrio entre as energias elementares e facilitar o livre fluxo de energia pelos chakras. Cada uma das técnicas aqui apresentadas é uma maneira de equilibrar um desses tipos de energia.

Meditação sonora para equilíbrio *metta sutta* yin yang

Para essa técnica, você percutirá sua tigela tibetana ou ouvirá esse som por um aplicativo, enquanto recita a metta sutta, *uma meditação budista sobre amor-ternura, linha por linha. Ouça o som até ele se esvair completamente, antes de ouvi-lo de novo. Enquanto isso, diga:*

- Primeiro toque: "Que todos os seres estejam em paz".
- Segundo toque: "Que todos os seres estejam felizes".
- Terceiro toque: "Que todos os seres estejam bem".
- Quarto toque: "Que todos os seres estejam seguros".
- Quinto toque: "Que todos os seres estejam livres do sofrimento".

Equilíbrio de energia elementar

Para essa técnica, use um cristal de quartzo transparente que você acabou de limpar – de preferência afiado. Consulte as ilustrações na seção Meridianos, do Capítulo 1, p. 36, para saber como visualizar cada canal energético. Reserve cerca de 5 minutos para essa visualização.

Coloque a ponta do cristal no dedão de seu pé direito e visualize a energia correndo pelo canal visto no diagrama, desobstruindo-o. Continue nessa ordem para cada energia: dedão direito, dedão esquerdo, segundo dedo direito, segundo dedo esquerdo, dedo médio direito, dedo médio esquerdo, quarto dedo direito, quarto dedo esquerdo, dedo mínimo direito, dedo mínimo esquerdo.

Equilíbrio do chakra

Para essa técnica, você precisará juntar os sete cristais (ou seus substitutos) recomendados no Capítulo 2, pp. 66-8.

1. Vá para um lugar onde não possa ser perturbado e deite-se confortavelmente.
2. Pouse os cristais na área de cada chakra, como se segue:

   TURMALINA NEGRA — CHAKRA DA RAIZ

   CORNALINA — CHAKRA DO SACRO

   CITRINO — CHAKRA DO PLEXO SOLAR

   QUARTZO ROSA — CHAKRA DO CORAÇÃO

   CELESTITA — CHAKRA DA GARGANTA

   AMETISTA — CHAKRA DO TERCEIRO OLHO

   QUARTZO TRANSPARENTE — CHAKRA DA COROA

3. Entoe o mantra *bija* ou a vogal curativa para cada chakra enquanto visualiza a energia se movendo do chakra da raiz para o chakra da coroa e voltando. Quando estiver pronto, abra os olhos.

Gratidão

TÉCNICAS: CRISTAIS, MEDITAÇÃO, VISUALIZAÇÃO

Praticar a gratidão é uma técnica básica na cura energética porque nos ajuda a entrar num estado de emoções positivas, a partir do qual podemos iniciar a cura. Cultivar a gratidão é uma prática cotidiana que você pode usar durante o dia a fim de incrementar as emoções positivas.

Energia da gratidão no plexo solar-coração-garganta

Pratique a técnica de mover a energia da gratidão ao longo dos chakras. A gratidão nasce em seu chakra do plexo solar como consequência da autovalorização, vai para o chakra do coração para incrementar o amor e depois passa para o chakra da garganta, de onde você o expressa. Empregue o tempo que precisar para esse exercício.

1. Num lugar onde não será incomodado, sente-se ou deite-se confortavelmente.
2. Visualize algo pelo qual é grato enquanto se concentra no plexo solar. Veja-o como energia dourada se movendo para dentro de seu coração, onde se mistura com a energia verde do amor. Veja a energia dourada indo para sua garganta e misturando-se ali com a energia azul.
3. Quando estiver pronto, diga: "Sou grato por..." e expresse sua gratidão. Repita o ciclo para cada pessoa, experiência ou coisa pela qual seja grato.

Gratidão na hora de dormir

Ao se preparar para dormir, medite em tudo que desperta sua gratidão, percorrendo mentalmente o alfabeto e listando para cada letra algo em sua vida que comece com ela e pelo qual se sente grato. É provável que adormeça nesse processo, mas fará isso num espaço positivo.

Elixir da gratidão

Citrino, quartzo rosa e celestita estimulam seus três chakras medianos: do plexo solar, do coração e da garganta, associados aos atos de descobrir, sentir e exprimir gratidão. Saiba que os cristais de quartzo não são tóxicos desde que estejam limpos; mas, regra geral, ao preparar elixires, não *coloque os cristais em água nem permita que esta entre em contato com eles, pois alguns liberam elementos tóxicos no líquido.*

1. Coloque uma pedra de citrino, quartzo rosa e celestina, que você acabou de limpar, numa vasilha pequena limpa e fechada.
2. Despeje uma xícara de água numa bacia e coloque a vasilha dentro. Deixe descansar por uma noite.
3. Tire a vasilha da bacia e guarde a água desta.

> Banho: encha a banheira e despeje o conteúdo da bacia na água. Permaneça no banho por 10 minutos, enquanto reflete sobre as coisas pelas quais se sente grato.

Maus hábitos

TÉCNICAS: AFIRMAÇÕES, CRISTAIS, CURA PELO SOM, *TAPPING*

Os hábitos se formam como resultado da repetição e, por fim, se tornam comportamentos inconscientes que muitas vezes nos passam despercebidos. Os maus hábitos são comportamentos e escolhas que já não se prestam ao nosso bem maior e quase sempre desandam em vícios. Eliminá-los requer esforço intencional.

Ametista e mantra da eliminação

A ametista é conhecida como a "pedra sóbria" porque ajuda a remover vícios e comportamentos viciosos. Para trabalhar com maus hábitos, limpe a ametista diariamente.

Leve sempre a ametista com você, como joia ou no bolso. Quando perceber que está cedendo a um mau hábito, segure a ametista em sua mão receptora (não dominante) e repita o mantra: "Eu elimino (preencha a lacuna) porque ele não me serve mais".

Estimulação do chakra do sacro

Os maus hábitos resultam muitas vezes de energia bloqueada no chakra do sacro, de modo que estimular essa área regularmente pode ajudar a remover o bloqueio.

1. Vá a um lugar onde não possa ser perturbado e deite-se de costas confortavelmente.
2. Coloque sobre o chakra do sacro uma pedra de cornalina que você acabou de limpar.
3. Entoe o mantra *bija vam* ou o som vocálico curativo *ooo* a fim de estimular o chakra. Enquanto entoa, visualize a energia fluindo livremente pelo chakra do sacro. Continue por 2 ou 3 minutos.

Tapping para eliminar hábitos

Use a sequência de tapping *das pp. 56-7. Enquanto faz isso, repita o seguinte:*

Lado da mão: "Embora tenha o hábito (preencha a lacuna), eu me aceito profunda e completamente".

Pontos restantes: "Eu elimino o hábito (preencha a lacuna) porque ele já não me serve".

Medo do abandono
TÉCNICAS: AROMATERAPIA, CRISTAIS, TOQUE SIMPLES, *TAPPING*, VISUALIZAÇÃO

O medo do abandono surge de traumas que vivenciamos nos primeiros anos de vida, como pouco apego aos pais e perda de entes queridos ou amigos. O medo é um dos problemas mais comuns que continuam nos afetando como adultos, provocando desequilíbrio energético e disfunção.

Toque curativo com turmalina negra e cornalina

O medo do abandono surge quando não nos sentimos seguros (chakra da raiz) do amor da família, amigos ou comunidade (chakra do sacro). Nesse caso, os cristais associados a essas áreas podem ajudar. Faça o seguinte de 5 a 10 minutos:

1. Procure um lugar onde não será perturbado. Sente-se confortavelmente.
2. Segure uma pedra de turmalina negra, que você acabou de limpar, na mão receptora (não dominante) e coloque essa mão sobre o chakra da raiz. Segure uma pedra de cornalina, que você acabou de limpar, na mão doadora (dominante) e coloque essa mão sobre o chakra do sacro.
3. Visualize o medo saindo de seu chakra da raiz e sendo absorvido pela turmalina. Visualize uma luz curativa cor de laranja saindo de sua mão, através da cornalina, e entrando em seu chakra do sacro.

Banho com sal de Epsom e óleo essencial

O sal de Epsom remove a energia negativa absorvendo-a. O óleo essencial fortalece seus chakras da raiz e do sacro, que ficam muitas vezes em desequilíbrio quando você teme o abandono.

- ½ xícara de sal de Epsom
- 10 gotas de óleo essencial de gerânio
- 10 gotas de óleo essencial de laranja

Enquanto enche a banheira, coloque essa mistura sob a água corrente. Relaxe no banho por cerca de 10 minutos, aspirando o aroma. Antes de sair e enxugar-se, deixe a água escorrer completamente da banheira, visualizando o medo do abandono desaparecendo pelo ralo.

Tapping **para abandono**

Use a sequência de tapping *das pp. 56-7. Enquanto a executa, repita o seguinte:*

Lado da mão: "Embora eu me sinta abandonado, eu me amo e me aceito completamente".

Pontos restantes: "Estou seguro. Sou amado. Nunca me sinto sozinho".

Paz interior

TÉCNICAS: AROMATERAPIA, CRISTAIS, MEDITAÇÃO, CURA PELO SOM

A paz do mundo começa pela paz interior de cada pessoa. Encontrar e cultivar o estado de paz interior é uma escolha que ajuda a criar as condições ideais para a cura.

Meditação da paz com a tigela tibetana

Sente-se confortavelmente com uma tigela tibetana à sua frente. Percuta-a e deixe-a ressoar, enquanto diz: "Meu corpo está em perfeita paz. Sinto uma paz profunda ao ouvir o som da tigela". Deixe que o som vá esmorecendo até cessar. Percuta de novo a tigela e repita a frase. Faça isso nove vezes.

Meditação do ponto focal com celestita

A cor da celestita é um azul suave, que desperta sensações de serenidade.

Medite tendo a celestita como objeto focal – isto é, contemple-a com suavidade – de 5 a 10 minutos.

Spray de paz

Os óleos essenciais nesta mistura para spray evocam sentimentos de paz. Você pode borrifar seu travesseiro com ela, antes de meditar, ou seu espaço de meditação, para criar o clima. Essa mistura rende 44 ml.

- 118 ml de água destilada ou mineral
- 1 colher de sopa de vodca ou álcool isopropílico
- 1 colher de sopa de sal rosa do Himalaia ou sal marinho
- 20 gotas de óleo essencial de lavanda
- 20 gotas de óleo essencial de camomila-romana
- 10 gotas de óleo essencial de sândalo

Junte todos os ingredientes num frasco de *spray* e agite-o levemente. Borrife a área escolhida uma ou duas vezes, longe do rosto.

Perdão

TÉCNICAS: CRISTAIS, CURA PELO SOM, *TAPPING*, VISUALIZAÇÃO

O perdão é um problema sério para muitas pessoas. Quando nos apegamos à energia da dor, que acreditamos ter sido causada por outros, estes não são prejudicados – nós é que somos. A energia negativa continua a ser gerada por muito tempo após o evento que a provocou. Quando perdoamos, não permitimos que a energia negativa do passado nos afete agora.

Visualização de perdão

Você pode praticar essa visualização de perdão isoladamente ou como parte de sua meditação. Precisará apenas de alguns minutos sozinho, num lugar onde não será perturbado.

1. Feche os olhos e pouse ambas as mãos sobre o chakra do coração, respirando fundo.
2. Visualize a pessoa que você deseja perdoar. Veja os laços de mágoa e cólera como fios de energia conectando vocês dois.
3. Agora visualize uma tesoura cortando cada fio. Enquanto faz isso, diga: "Eu o liberto". Uma vez cortados todos os fios, visualize vocês dois banhados em uma luz verde, curativa.
4. Faça um gesto de ancoragem (ver a seção Crie uma Âncora, no Capítulo 3, p. 78) para consolidar esse sentimento de perdão. Abra os olhos quando estiver pronto. Se sentir a raiva voltando durante o dia, faça o gesto de ancoragem e diga: "Saia" em voz alta ou mentalmente.

Tapping para o perdão

Use a sequência de tapping das pp. 56-7. Enquanto isso, repita o seguinte:

Lado da mão: "Embora eu esteja (com raiva/irritado/magoado) com (acontecimento/pessoa), eu me amo e me respeito completamente".

Pontos restantes: "Eu liberto (nome). Eu perdoo (nome)".

Visualização de perdão com quartzo rosa

1. Sente-se confortavelmente com os olhos fechados, segurando um quartzo rosa recém-limpo na mão doadora (dominante).
2. Imagine alguém a quem ama profundamente ou alguma coisa pela qual se sente muito grato e feliz. Ao sentir o amor se avolumando em seu coração, visualize-o fluindo por seu braço e mão doadora até o quartzo rosa.
3. Transfira o quartzo rosa para sua mão receptora (não dominante). Sinta a energia do quartzo subindo pelo braço até o

coração, enquanto visualiza a pessoa que você precisa perdoar. Visualize-a se movendo para seu centro cardíaco juntamente com a energia do quartzo rosa. Enquanto isso, diga em voz alta ou mentalmente: "Eu o perdoo. Eu o liberto".

4. Mantenha essa pessoa em sua energia amorosa pelo tempo que julgar apropriado. Abra os olhos quando estiver pronto.

Ritual de perdão com tigela tibetana

Para este ritual, use uma tigela tibetana de cristal, no tom fá ou fá sustenido, ou de bronze que toque harmonias ou sobretons condizentes com todos os chakras. Mas você também pode usar um diapasão no tom fá ou fá sustenido. Faça isso por cerca de 5 minutos.

1. Sente-se confortavelmente, com a tigela à sua frente. Percuta a tigela e deixe-a vibrar. Feche os olhos e respire fundo, inspirando pelo nariz e expirando pela boca, deixando que o som da tigela se desvaneça naturalmente.

2. Depois que o som se desvanecer, percuta a tigela novamente. Visualize a energia da tigela entrando pelo seu nariz e descendo pelas vias respiratórias até o coração. Deixe que o som se desvaneça naturalmente.

3. Visualize a pessoa que você precisa perdoar enquanto percute de novo a tigela. Respire o som enquanto visualiza a pessoa, impelindo ao mesmo tempo a visualização e o som da tigela para o centro cardíaco. Deixe que o som se desvaneça naturalmente, mantendo sempre a pessoa no coração.

4. Percuta a tigela e diga mentalmente ou em voz alta: "Eu o perdoo. Eu o liberto". Repita esse mantra à medida que o som vá se desvanecendo.

5. Percuta outra vez a tigela e, enquanto o som se desvanece, visualize a mágoa e a raiva que ligavam você à pessoa se dissolvendo.

6. Apague a imagem da pessoa e percuta a tigela uma última vez. Respire o som e faça com que ele o preencha totalmente. Quando estiver pronto, abra os olhos.

Prosperidade e abundância

TÉCNICAS: AFIRMAÇÕES, CRISTAIS, VISUALIZAÇÃO

A prosperidade é um problema sério para muita gente e nossas crenças inconscientes na disponibilidade da abundância no universo pode gerar desequilíbrios em nossa vida. Use as técnicas de cura energética para trazer à tona crenças subconscientes sobre carência e reequilibrar a energia da abundância em sua vida.

Feng shui com citrino para prosperidade

O citrino é o cristal mais comumente associado à prosperidade e à abundância. Você pode usar o setor de prosperidade do feng shui de sua casa. No feng shui tradicional, é o setor ou canto sul de sua casa ou quarto; no feng shui ocidental, é o canto esquerdo dos fundos, visto da porta.

Coloque, em um desses setores, um cristal de citrino que você acabou de limpar. Ande com um pedaço pequeno de citrino na carteira ou na bolsa para fomentar a prosperidade e a abundância.

Visualização de abundância

Vá para um lugar onde você não seja perturbado. Sente-se ou deite-se confortavelmente, de olhos fechados. Visualize-se como um ímã gigante, com dinheiro fluindo em sua direção por vários canais. Enquanto isso, repita a afirmação: "A abundância flui para mim livremente por todos os canais". Faça isso de 5 a 10 minutos.

Consciência de prosperidade

Um dos modos de superar a consciência de pobreza é praticar a consciência de prosperidade durante o dia todo. Procure perceber como pensa a respeito do dinheiro e com que frequência esses pensamentos são de carência. Por exemplo, se chega uma conta e você pensa "Não posso pagar isso", você está preso à consciência de pobreza.

Crie uma afirmação do tipo: "Sou grato por ter todo o dinheiro necessário para pagar minhas contas e viver uma vida próspera, confortável". Toda vez que se surpreender apegado à consciência de pobreza, repita essa afirmação.

Saúde

TÉCNICAS: CRISTAIS, MEDITAÇÃO, CURA PELO SOM

Frequentemente, os problemas de saúde físicos são os primeiros sinais que você reconhece quando equilíbrios energéticos e disfunções se manifestam. Começam em geral como sintomas leves, mas, à medida que o desequilíbrio se agrava, esses sintomas se tornam mais intensos e mais persistentes. Tratar da saúde física, no entanto, envolve mais do que tratar sintomas físicos. Nesta seção, os remédios vão além do físico para ajudar a remover as causas do desequilíbrio.

Conviver com os sintomas

Conviver com os sintomas lhe permite escutar aquilo que seu corpo está tentando lhe dizer.

Sente-se ou deite-se em silêncio, confortavelmente, e pergunte a si mesmo: "O que eu preciso saber?". Pelos próximos 10 minutos, constate e observe o que aparece em seu corpo, mente ou espírito. Por exemplo, enquanto se concentra nos sintomas, a raiva de alguém pode surgir. Quando algo como uma emoção ou o medo surge enquanto você está convivendo com os sintomas, essa é quase sempre a causa principal. Constatar isso ajudará você a identificar o que está em desequilíbrio e provocando sintomas ou dis-funções: você pode, então, tomar providências a respeito.

Elixir terapêutico com quartzo transparente

O quartzo transparente é um cristal universal que ajuda em todos os problemas. Tenha em mente que os cristais de quartzo não são tóxicos se estiverem limpos; mas, como regra geral, ao fazer elixires não os coloque na água nem permita que esta entre em contato com eles, pois alguns liberam elementos tóxicos no líquido.

1. Em uma vasilha pequena, limpa e fechada, coloque uma pedra de quartzo transparente que você acabou de limpar.
2. Despeje uma xícara de água numa bacia e coloque a vasilha fechada dentro. Deixe descansar por 48 horas.
3. Tire a vasilha da bacia. Despeje a água da bacia numa garrafa.

> Beber: acrescente 1 colher de sopa do elixir à água, suco ou vitamina do café da manhã.

Cura pelo som do corpo inteiro

Este remédio é simples e rápido. Emprega os sons vocálicos curativos associados aos chakras (ver a seção Vogais, no Capítulo 2, p. 61, e a ilustração das Vogais Curativas da p. 62). Você não precisa conhecer notas: basta subir e descer o tom enquanto pronuncia os sons vocálicos. Essa prática não leva mais que alguns minutos.

1. Faça o seguinte durante uma única respiração: comece pelo som vocálico do chakra da raiz, emitindo-o no tom mais baixo que sua voz possa alcançar. Passe para o próximo chakra, emitindo seu som vocálico num tom ligeiramente mais alto. Faça isso para cada chakra até chegar ao chakra da coroa, emitindo os sons vocálicos em tons ascendentes. O som do chakra da coroa deve ser o mais alto que sua voz possa alcançar.
2. Durante uma única respiração, vá descendo pelos chakras e emitindo seus sons em tons descendentes, até voltar ao chakra da raiz.
3. Realize essas subidas e descidas oito vezes.

Sofrimento

TÉCNICAS: AFIRMAÇÕES, AROMATERAPIA, MEDITAÇÃO

Cada pessoa experimenta o sofrimento à sua maneira e é importante permitir que esse processo siga em nós seu próprio caminho, em seu próprio tempo. Não é saudável suprimir o sofrimento. Use as técnicas de energia curativa para ajudá-lo a processar o sofrimento de uma maneira saudável, de modo a não ficar atrelado a ele.

Mistura de óleos essenciais para aliviar o sofrimento

Óleos essenciais como o de laranja e limão levantam o ânimo. Quando o sofrimento ameaçar dominá-lo, use esses óleos no banho ou numa massagem simples. Essa mistura rende 30 ml.

- 30 ml de óleo de amêndoa doce ou outro óleo carreador neutro
- 9 gotas de óleo essencial de laranja
- 9 gotas de óleo essencial de limão

Coloque todos os ingredientes num conta-gotas de vidro escuro e agite para misturar bem.

> Banho: pingue 10 gotas na água quente e fique no banho por 10 minutos.

> Massagem: massageie o chakra do coração com ¼ de colher de chá.

Meditação para os chakras do coração e da raiz

Ficamos presos ao sofrimento, em geral, na energia do chakra da raiz, onde mantemos o senso de segurança, ou no chakra do coração, onde mantemos não apenas o amor e o perdão, mas também a raiva e outros males emocionais intensos. Você pode executar essa meditação para os chakras do coração e da raiz com cristais (quartzo rosa sobre o coração e turmalina negra sobre o chakra da raiz), a seu gosto. Reserve para isso cerca de 5 minutos.

1. Deite-se confortavelmente, de olhos fechados. Se estiver usando cristais, coloque a turmalina negra sobre o chakra da raiz e o quartzo rosa sobre o chakra do coração.
2. Observe qualquer sensação de sofrimento que surgir, mas não a julgue, apenas a observe, bem como os locais do corpo onde ela se manifesta.
3. Leve essa sensação para o chakra do coração, caso ela já não esteja lá.
4. Visualize a energia subindo da terra através do chakra da raiz e leve-a para o chakra do coração, misturando-a com o sofrimento.
5. Visualize a energia do sofrimento descendo do chakra do coração para o chakra da raiz e daí para a terra. Sinta a terra absorvendo a energia enquanto o ampara totalmente.

6. Agora, sinta a energia da luz branca descendo do alto e preenchendo seu coração. Leve-a para o chakra da raiz e daí para o chakra do coração. Deixe a energia circular pelo tempo necessário. Quando estiver pronto, abra os olhos.

Afirmação de liberação do sofrimento

O sofrimento fica arraigado quando você tenta suprimi-lo e não aparece só nos momentos em que está sozinho e seguro: pode surgir a qualquer hora e em qualquer lugar. Trata-se de uma situação em que a única maneira de vencer é encarar. Você pode usar uma afirmação para facilitar esse processo, num local seguro onde consiga levar a cabo a experiência.

1. Escolha uma afirmação que lhe permita vivenciar toda a experiência do sofrimento, sem tentar suprimi-la. Pode ser uma palavra como "Adiante!" ou algo mais complexo como "Meu sofrimento flui por mim livremente".

2. Sempre que o sofrimento aflorar, respire fundo algumas vezes. Se não conseguir lidar com ele no momento, tão logo seja possível vá para um lugar onde ache seguro vivenciá-lo e exprimi-lo. Não há nada de errado em esperar para encontrar um lugar seguro.

3. Agora, deixe o sofrimento vir à tona, entoando o mantra enquanto prossegue na experiência.

4. Respire fundo. Observe os sentimentos sem julgá-los. Continue repetindo o mantra, dando-se o tempo necessário para processar o sofrimento.

5. Quando o sofrimento começar a desaparecer, respire fundo algumas vezes e concentre-se em seu coração.

6. Exprima gratidão por seu sofrimento. Quando estiver pronto, abra os olhos.

Guia Rápido de Chakras
e Ferramentas de Cura Energética

Chakra da Raiz
(Base ou Muladhara)

COR: VERMELHA
MANTRA: *LAM*
NOTA: DÓ OU DÓ SUSTENIDO
FREQUÊNCIA DE SOLFEGGIO: 396 HZ

Aspectos emocionais/espirituais

- Abandono
- Conexão
- Estabilidade
- Lealdade e confiança
- Unicidade/somos todos um
- Lugar na família/comunidade
- Segurança
- Segurança e proteção
- Resistência
- Confiança

Áreas/problemas físicos

- Vício
- Intestinos
- Depressão
- Hemorroidas
- Sistema imunológico
- Dor na região lombar
- Problemas no reto
- Ciática
- Cóccix
- Veias varicosas
- Pernas, pés, calcanhares, joelhos

Cristais

Cristais vermelhos ou negros/cristais magnéticos

- Turmalina negra
- Granada
- Hematita
- Azeviche
- Magnetita
- Obsidiana
- Rubi

Óleos essenciais

- Canela
- Gerânio
- Gengibre
- Mirra
- Noz-moscada
- *Patchouli*
- *Vetiver*

Chakra do Sacro
(Baço e Svadisthana)

COR: LARANJA
MANTRA: *VAM*
NOTA: RÉ OU RÉ SUSTENIDO
FREQUÊNCIA DE SOLFEGGIO: 417 HZ

Aspectos emocionais/espirituais

- Controle
- Criatividade
- Finanças/prosperidade
- Poder pessoal
- Relacionamentos
- Sexualidade

Áreas/problemas físicos

- Vício
- Apêndice
- Bexiga
- Constipação/diarreia
- Órgãos sexuais
- Quadris
- Intestinos
- Região pélvica
- Disfunção sexual

Cristais

Nas cores laranja ou marrom

- Âmbar
- Cornalina
- Citrino
- Cobre

- Aventurina laranja
- Selenita pêssego
- Quartzo enfumaçado

Óleos essenciais

- Bergamota
- Cedro
- Sálvia esclareia
- Gerânio
- Laranja
- Sândalo
- Tangerina
- *Ylang-ylang*

Chakra do Plexo Solar
(Umbigo ou Manipura)

COR: AMARELA/DOURADA
MANTRA: *RAM*
NOTA: MI
FREQUÊNCIA DE SOLFEGGIO: 528 HZ

Aspectos emocionais/espirituais

- Pertencimento
- Limites
- Comunidade/honra do grupo
- Função de grupo
- Segurança de grupo
- Lei e ordem
- Personalidade
- Senso de eu separado dos outros
- Normas sociais

Áreas/problemas físicos

- Órgãos abdominais
- Refluxo ácido
- Adrenais
- Diabetes
- Distúrbios alimentares
- Vesícula biliar
- Rins
- Fígado
- Parte média das costas
- Caixa torácica

- Baço
- Estômago
- Úlceras
- Apêndice xifoide

Cristais

- Amarelos ou dourados
- Âmbar
- Bismuto
- Citrino
- Ouro
- Heliotropo
- Pirita
- Olho-de-tigre amarelo

Óleos essenciais

- Olíbano
- Limão
- Capim-limão
- Camomila-romana
- *Tea Tree*

Chakra do Coração
(Anahata)

COR: VERDE
MANTRA: *YAM*
NOTA: FÁ OU FÁ SUSTENIDO
FREQUÊNCIA DE SOLFEGGIO: 639 HZ

Aspectos emocionais/espirituais

- Raiva
- Equilíbrio
- Amargura
- Ponte entre físico e etérico
- Medo da solidão
- Perdão
- Sofrimento
- Saúde
- Amor
- Egocentrismo
- Força

Áreas/problemas físicos

- Vasos sanguíneos
- Problemas dos seios
- Respiração
- Circulação
- Coração
- Pulmões
- Parte média das costas
- Caixa torácica
- Ombros/braços/mãos
- Esterno
- Glândula timo

Cristais

Verdes ou rosa

- Amazonita
- Aventurina
- Esmeralda
- Aventurina verde
- Calcita verde
- Cianita verde
- Turmalina verde
- Jade
- Malaquita
- Ágata musgo
- Peridoto
- Quartzo rosa

Óleos essenciais

- Cipreste
- Gerânio
- Jasmim
- Lavanda
- Néroli
- Rosa
- Rosa otto
- *Ylang-ylang*

Chakra da Garganta
(Vishuddha)

COR: AZUL
MANTRA: *HAM*
NOTA: SOL OU SOL SUSTENIDO
FREQUÊNCIA DE SOLFEGGIO: 741 HZ

Aspectos emocionais/espirituais

- Expressão criativa
- Seguir o sonho
- Integridade
- Autoexpressão
- Expressão
- Submissão à vontade divina
- Verdade

Áreas/problemas físicos

- Ouvidos
- Esôfago
- Gengivas
- Mandíbulas
- Boca
- Pescoço
- Dentes
- Garganta
- Tireoide e paratireoide
- Parte superior do tórax

Cristais

- Azuis
- Angelita
- Água-marinha
- Cianita azul
- Ágata de renda azul
- Olho-de-tigre azul
- Topázio azul
- Celestita
- Calcedônia
- Safira
- Turquesa

Óleos essenciais

- Louro
- Camomila
- Eucalipto
- Funcho
- Gerânio
- Gengibre
- Jasmim
- Lavanda
- Hortelã-pimenta

Chakra do Terceiro Olho
(Pineal ou Ajna)

COR: PÚRPURA/VIOLETA
MANTRA: *AUM (OM)*
NOTA: LÁ OU LÁ SUSTENIDO
FREQUÊNCIA DE SOLFEGGIO: 852 HZ

Aspectos emocionais/espirituais

- Pensamento crítico
- Inteligência emocional
- Avaliação de atitudes
- Avaliação de crenças
- Intelecto
- Intuição
- Aprender com a experiência
- Saúde mental
- Mente aberta
- Capacidade psíquica
- Razão

Áreas/problemas físicos

- Cérebro
- Olhos
- Cabeça
- Dor de cabeça
- Nervos
- Pesadelos
- Glândula pineal
- Glândula pituitária
- Problemas dos sínus/olhos
- Problemas de sono

Cristais

- Púrpura e violeta
- Ametista
- Cianita azul
- Calcedônia
- Caroíta
- Iolita
- Kunzita
- Labradorita
- Sugilita
- Tanzanita

Óleos essenciais

- Louro
- Sálvia esclareia
- Olíbano
- Zimbro
- Lavanda
- Mirra
- Hortelã-pimenta
- Alecrim
- Sândalo
- *Vetiver*

Chakra da Coroa
(Sahasrara)

COR: BRANCA OU VIOLETA
MANTRA: NENHUM – SILÊNCIO
NOTA: SI
FREQUÊNCIA DE SOLFEGGIO: 963 HZ

Aspectos emocionais/espirituais

- Comunicação com seres superiores
- Comunicação com o eu superior
- Compaixão
- Conexão com o espírito
- Divindade
- Ética e valores
- Abnegação
- Espiritualidade
- Saber quem somos
- Confiança universal
- Jornada espiritual

Áreas/problemas físicos

- Ossos
- Músculos
- Pele
- Problemas sistêmicos

Cristais

Transparentes, violeta ou brancos

- Ametista
- Apofilita
- Quartzo transparente
- Goshenita
- Pedra da lua
- Morganita
- Petalita
- Fenacita
- Selenita

Óleos essenciais

- Olíbano
- Helicriso
- Jasmim
- Lavanda
- Néroli
- Rosa
- Rosa otto
- Pau-rosa
- Sândalo
- *Vetiver*

Recursos

Aplicativos

SONS BINAURAIS
BrainWave 35 Binaural Series por Banzai Labs (Apple App Store)

Brain Waves Binaural Beats por MynioTech Apps (Google Play)

CHAKRAS
Chakra Tuner por Jonathan Goldman, Healing Sounds (Apple App Store)

Chakra Sound por Self Healing (Google Play)

CONTROLE DA DOR
Pain Killer 2.0 por Brian Zeleniak (Apple App Store)

Pain Relief 2.0 por Brian Zeleniak (Google Play)

FREQUÊNCIAS DE SOLFEGGIO
Solfeggio Sonic Meditations por Diviniti Publishing Ltd. (Apple App Store)

Solfeggio Frequencies por MediApps (Google Play)

CURA PELO SOM
Gong Bath, Gong Sounds with Meditation Timer for Yoga

Healing Therapy por Rehegoo (Apple App Store)

Gong Sounds por Leafgreen (Google Play)

Livros

CRISTAIS

The Crystal Alchemist: A Comprehensive Guide to Unlocking the Transformative Power of Gems and Stones, Karen Frazier (Reveal Press, 2019).

Crystals for Beginners: The Guide to Get Started with the Healing Power of Crystals, Karen Frazier (Althea Press, 2017).

Crystals for Healing: The Complete Reference Guide with Over 200 Remedies for Mind, Heart, and Soul, Karen Frazier (Althea Press, 2015).

SÍMBOLOS DE SONHO

Dark of Night in the Light of Day: The Art of Interpreting Your Dreams, Karen Frazier (Afterlife Publishing, 2017).

Llewellyn's Complete Dictionary of Dreams: Over 1,000 Dream Symbols and Their Universal Meanings, Michael Lennox (Llewellyn Publications, 2015).

ENERGIA

The Field: The Quest for the Secret Force of the Universe, Lynne McTaggart (Harper Perennial, 2008).

The Law of Attraction: The Basics of the Teachings of Abraham, Esther e Jerry Hicks (Hay House, 2006).

CURA ENERGÉTICA

Anatomy of the Spirit: The Seven Stages of Power and Healing, Caroline Myss (Harmony, 1996).

Energy Medicine: Balancing Your Body's Energies for Optimal Health, Joy, and Vitality, Donna Eden e David Feinstein (Jeremy P. Tarcher, 2008).

Higher Vibes Toolbox: Vibrational Healing for an Empowered Life, Karen Frazier (Afterlife Publishing, 2017).

Quantum-Touch: The Power to Heal, Richard Gordon (North Atlantic Books, 2006).

Reiki Healing for Beginners: The Practical Guide with Remedies for 100+ Ailments, Karen Frazier (Althea Press, 2018).

You Are the Placebo: Making Your Mind Matter, Joe Dispenza (Hay House, 2015).

MEDITAÇÃO, *MINDFULNESS* E AUTOPERCEPÇÃO

Loving What Is: Four Questions That Can Change Your Life, Byron Katie e Stephen Mitchell (Harmony, 2002).

Meditation for Fidgety Skeptics: A 10% Happier How-to Book, Dan Harris, Jeffrey Warren e Carlyle Adler (Spiegel & Grau, 2017).

The Miracle of Mindfulness: An Introduction to the Practice of Meditation, Thich Nhat Hanh (Beacon Press, 1999).

The Power of Now: A Guide to Spiritual Enlightenment, Eckhart Tolle (New World Library, 1999).

CURA PELO SOM

Ancient Sounds for a New Age: An Introduction to Himalayan Sacred Sound Instruments, Diáne Mandle (Top Reads Publishing, 2018).

How to Heal with Singing Bowls: Traditional Tibetan Healing Methods, Suren Shrestha (Sentient Publications, 2018).

The Humming Effect: Sound Healing for Health and Happiness, Jonathan Goldman e Andi Goldman (Healing Arts Press, 2017).

Tibetan Sound Healing: Seven Guided Practices to Clear Obstacles, Cultivate Positive Qualities, and Uncover Your Inherent Wisdom, Tenzin Wangyal Rinpoche (Sounds True, 2011).

FILMES DOCUMENTÁRIOS

Heal, escrito e dirigido por Kelly Noonan. Elevative Entertainment, 2017.

The Healing Field: Exploring Energy and Consciousness, dirigido por Penny Price. Penny Price Media, 2016.

The Secret, dirigido por Drew Heriot. TS Production LLC, 2007.

What the Bleep Do We Know!?, dirigido por William Arntz e Betsy Chasse. Gravitas Ventures, 2005.

Websites

LOJAS DE CRISTAIS
BestCrystals.com

HealingCrystals.com

SÍMBOLOS DE SONHOS
DreamMoods.com

INFORMAÇÃO SOBRE TLE (EFT)
EmoFree.com

UnseenTherapist.com

ÓLEOS ESSENCIAIS
doTerra.com

EdensGarden.com

MountainRoseHerbs.com

TRANSCRIÇÃO DE MEDITAÇÃO
"I Am Light" Guided Meditation and Visualization, 2018, www.authorkarenfrazier.com/blog/i-am-light-guided-meditation-and-visualization.

TIGELAS TIBETANAS
Bodhisattva Trading Co., Inc. Tibetan Singing Bowls: Bodhisattva--Store.com/listings/.

Crystal Tones: CrystalSingingBowls.com

iSingingBowls.com

Referências

Benson, Kia. "Essential Oils and Cats." *Pet Poison Helpline*. Acesso em 15 de abril de 2019. http://www.petpoisonhelpline.com/blog/essential-oils-cats/.

Burgin, Timothy. "History of Yoga." *Yoga Basics*. Acesso em 15 de abril de 2019. http://www.yogabasics.com/learn/history-of-yoga/.

Gupta. Usha e Menka Verma. "Placebo in Clinical Trials." *Perspectives in Clinical Research* 4, n. 1 (janeiro-março de 2013), pp. 49-52.doi:10.4103/2229-3485.106383.

Hanegraaf, W. J., Antoine Faivre, Roelof van den Broek e Jean-Pierre Brach, orgs., *Dictionary of Gnosis and Western Esotericism*. Boston: Brill, 2005.

HealthCmi. "Acupuncture Reduces Post-Stroke Depression, Restores Function." *Healthcare Medicine Institute News*. 31 de março de 2019. Acesso em 15 de abril de 2019. http://www.healthcmi.com/acupuncture-continuing-education-news.

Mandal, Ananya. "Acupuncture History." *Medical Life Sciences News*. Última alteração em 26 de fevereiro de 2019. Acesso em 15 de abril de 2019. http://www.news-medical.net/health/Acupuncture-History.aspx.

Qingyong, He, Ji Zhang e Yuxiu Tang. "A Controlled Study on Treatment of Mental Depression by Acupuncture Plus TCM Medication." *Journal of Traditional Chinese Medicine* 27, n. 3 (setembro de 2007), pp. 166-69. http://www.ncbi.nlm.nih.gov/pubmed/17955648.

Ramirez, Jonatan Peña, Luis Alberto Olvera, Henk Nijmeijer e Joaquin Alvarez. "The Sympathy of Two Pendulum Clocks: Beyond Huygens' Observations." *Scientific Reports*, 29 de março de 2016. Acesso em 15 de abril de 2019. doi:10.1038/srep23580.

Röschke, J., Ch. Wolf, M. J. Müller, P. Wagner, K. Mann, M. Grözinger e S. Bech. "The Benefit from Whole Body Acupuncture in Major Depression." *Journal of Affective Disorders* 57, n. 1-3 (janeiro-março de 2000), pp. 73-81. doi:10.1016/S0165-0327(99)00061-0.

Sun, Zhi-Kun, Hong-Qi Yang e Sheng-Di Chen. "Traditional Chinese Medicine: A Promising Candidate for the Treatment of Alzheimer's Disease." *Translational Neurodegeneration* 2, n. 6 (fevereiro de 2013). doi:10.1186/2047-9158-2-6.

Toney, Chelsey M., Kenneth E. Games, Zachary K. Winkelmann e Lindsey E. Eberman. "Using Tuning-Fork Tests in Diagnosing Fractures." *Journal of Athletic Training* 51, n. 6 (junho de 2016), pp. 498-99. doi:10.4085/1062-6050-51.7.06.

University College London. "Science of Habits." *UCL Healthy Habits*. Acesso em 15 de abril de 2019. http://www.ucl.ac.uk/healthy-habits/science-of-habits.

Violatti, Cristian. "Upanishads." *Ancient History Encyclopedia*. 4 de maio de 2014. Acesso em 15 de abril de 2019. http://www.ancient.eu/Upanishads/.

Agradecimentos

Sou muito grata pela oportunidade de abordar e ensinar sobre um tema que amo e que, acredito, pode ajudar as pessoas a evoluir, mudar e curar-se. Como eu disse recentemente a meu amigo Seth Michael, se algo que escrevi ou ensinei foi bom para uma única pessoa, então valeu a pena. Por isso, agradeço a vocês, meus leitores e alunos, que com coragem iniciaram o caminho da cura intencional. Esse é um trabalho bonito, significativo, poderoso e difícil – e vocês todos são guerreiros no melhor sentido da palavra. Obrigada.

Sou muito grata à minha gerente de projeto e editora na Callisto, Stacy Wagner-Kinnear, a primeira pessoa que me animou a escrever um livro sobre cura energética (*Crystals for Healing*). Ao fazer isso, você me ajudou a realizar um de meus sonhos e continua a desempenhar um papel fundamental em minha carreira como autora.

Também sou grata a meu marido Jim e a meus filhos Tanner e Kevin, que continuam tolerando uma escritora na família e todas as refeições familiares perdidas em consequência disso. Obrigada à minha mãe, Brenda, que mostrou, após a morte de meu pai, o verdadeiro significado da coragem e da benevolência.

Gostaria de agradecer também à minha classe. Kristen Gray e Kasci Lawrence me ajudaram, com o poder do amor, do riso e da amizade feminina, durante o ano incrivelmente difícil pelo qual passei. Sou grata aos membros do Vision Collective – Sharon Lewis, Tristan Luciotti, Amy Castellano, Seth Michael, Jyl Straub, Jason e Carolyn Masuoka, Mackenna Long, Kristen Gray e Luis Navarrete –, foi uma alegria trabalhar com vocês e ensiná-los.. Tenho orgulho de fazer parte desse grupo.

Obrigada também a todos os meus professores – os que me ensinaram conscientemente e os que fizeram isso sem saber. Uma das maiores bênçãos em minha vida foi nossos caminhos terem se cruzado em algum ponto da jornada e eu ter aprendido com vocês.

Por fim, gostaria de agradecer à minha cadela Monkey. Ela acha que me ajuda a escrever. Quem sou eu para discutir?

GRUPO EDITORIAL PENSAMENTO

O Grupo Editorial Pensamento é formado por quatro selos:
Pensamento, Cultrix, Seoman e Jangada.

Para saber mais sobre os títulos e autores do Grupo
visite o site: www.grupopensamento.com.br

Acompanhe também nossas redes sociais e fique por dentro dos próximos lançamentos, conteúdos exclusivos, eventos, promoções e sorteios.

f / 📷   editoracultrix
editorajangada
editoraseoman
grupoeditorialpensamento

Em caso de dúvidas, estamos prontos para ajudar:
atendimento@grupopensamento.com.br

Pensamento Cultrix SEOMAN JANGADA
GRUPO EDITORIAL PENSAMENTO